卒、24
SOTSUTEN

全国合同卒業設計展

はじめに

卒、24 代表　鈴木 颯太

　今年度も無事「卒、」を開催することができました。当団体が毎年開催しています全国合同卒業設計展も回を重ねるごとに盛況となり、これもひとえに皆様のおかげと、心から感謝申し上げます。例年同様、今年度も数多くの皆様からご出展いただきました。作品をご出展いただいた皆様、誠にありがとうございます。

　また、ゲストクリティークとしてご参加を快諾していただきました、河田将吾様、柴田淳様、須崎文代様、津川恵理様、堀越優希様、榮家志保様、香月歩様、工藤浩平様、棗田久美子様、山本想太郎様、そして総合司会を引き受けていただいた西田司様、この度はご多忙のところ、「卒、24」へご臨席いただき、誠にありがとうございました。皆様のご協力があってこそ、意義のある展示会として成り立っているのだと強く感じています。

　そしてご来場いただいた皆様、当展示会へ足をお運びいただき、誠にありがとうございました。さまざまなテーマの作品が並び、それらはさまざまな表情を見せてくれます。出展者がつくり上げた作品を肌で感じ取り、楽しんでいただけたなら幸いです。

　開催に当たりましては、キャリア・ナビゲーション様、鍛治田工務店様、大建設計様、大同工業様、チームラボ様、ノーブルホーム様にご協賛いただき、隅田公園リバーサイドギャラリー様には会場の面でご協力いただきました。そして、特別協賛として総合資格様には、展示会の企画・運営を通して常に私たちを支えていただき、本作品集の出版も引き受けていただきました。ご協力いただきました企業様に、この場をお借りして深く御礼申し上げます。

　今年度は、「卒、」が発足し21年目です。こうして長い間、毎年開催を続けられることは、出展者様、クリティークの先生方、協賛企業様、OB・OGの皆様、たくさんの方々のご支援あってこそだと感じています。この場をお借りし、実行委員一同を代表して、改めて皆様に心から御礼申し上げます。誠にありがとうございました。

　今後の「卒、」のさらなる発展を願い、謝辞とさせていただきます。

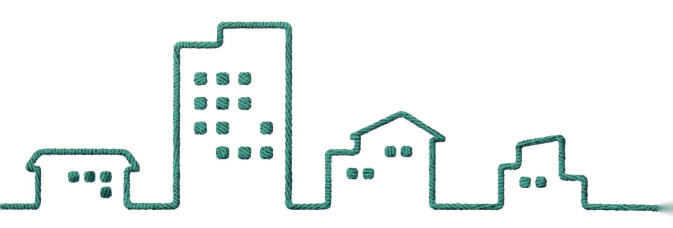

特別協賛および作品集発行にあたって

総合資格 代表取締役　　岸 和子

　当学院は、建築の世界を志す学生の方々が志望の進路に突き進むことができるよう、さまざまな支援を全国で行っています。卒業設計展への協賛やその作品集の発行、建設業界研究セミナーなどは代表的な例です。

　当学院は長年にわたり、全国合同卒業設計展「卒、」に協賛してまいりました。本年はコロナ禍の制限が緩和されつつある中、370作品を超えるエントリーがあり、事前審査で選ばれた53作品が会場に並び、学生と審査員の皆様による実り豊かな議論が展開されました。また、多くの来場者が足を運び、オンライン配信での視聴者も含め、卒業設計に掛けた出展者の皆様の熱いエネルギーと志がたくさんの方々に伝わったことと思います。

　本作品集では、そのような熱気あふれる審査会の記録と、出展者の4年間の集大成である卒業設計を詳細に収録しました。また、0次審査から1次・2次審査の様子を収め、最終審査ダイジェストも掲載し、資料としても大変価値のある内容となっています。本作品集が多くの方々に読み継がれることで、本設計展がさらに発展することを願っています。そして「卒、24」に参加された皆様、また本書を読まれた方々が、将来、家づくり、都市づくり、国づくりに貢献されることを期待しています。

CONTENTS
目次

- 2 はじめに
- 3 特別協賛および作品集発行にあたって
- 6 大会Concept／開催概要
- 8 審査方式／総合司会
- 10 DAY1 ゲストクリティーク
- 12 DAY2 ゲストクリティーク

14 Chapter1 受賞作品

- 16 **DAY1 最優秀賞**
  「見えない豊かさを纏う家」橋本菜央(法政大学)
- 20 **DAY1 最優秀賞・DAY2 佳作**
  「みんなでPersonal Water Networkをつくる」髙部達也(慶應義塾大学)
- 24 **DAY2 最優秀賞**
  「重度障碍児の旅」松山こと子(芝浦工業大学)
- 28 **DAY1 河田将吾賞・DAY2 粟田久美子賞**
  「イソリウム」永田典久(東京都市大学)
- 30 **DAY1 柴田淳賞**
  「天泣で紡ぐ」谷 卓思(広島大学)
- 32 **DAY1 須崎文代賞**
  「風車が廻り続ける」成田 駿(法政大学)
- 34 **DAY1 津川恵理賞**
  「額縁から見る」菅野大輝(工学院大学)
- 36 **DAY1 堀越優希賞**
  「水上ビルの終活」早坂秀悟(鹿児島大学)
- 38 **DAY2 榮家志保賞**
  「共編の詩」竹原佑輔(法政大学)
- 40 **DAY2 香月歩賞**
  「商店街エコビレッジ構想」稲村健太郎(明治大学)
- 42 **DAY2 工藤浩平賞**
  「実寸大起こし絵図 待庵」森岡 希(明治大学)
- 44 **DAY2 山本想太郎賞**
  「エッフェル塔のオートクチュールコレクション」若原ななこ(関西学院大学)
- 46 **DAY1 総合資格賞・DAY2 佳作**
  「祈り、生きる建築」工藤朱理(日本大学)
- 48 **DAY2 総合資格賞**
  「蜃気楼への侵入」東園直樹(工学院大学)
- 50 **DAY2 コンキャリ賞**
  「Tokyo Residue」中山昂祐(東京電機大学)
- 52 **学生賞**
  「創造的ダイアローグ」小林大馬(法政大学)
- 54 **DAY1 佳作**
  「呼吸するプラットフォーム」佐藤優希(東京都市大学)
- 56 **DAY1 佳作・DAY2 佳作**
  「スキマの住みかえ」遠藤美沙(日本大学)
- 58 **DAY1 佳作**
  「廃船の再構成による海辺の舞台群」塩田 結(工学院大学)
- 60 **DAY1 佳作・DAY2 佳作**
  「GOCHA-GOCHA TOKYO」井上琴乃(工学院大学)
- 62 **DAY1 佳作**
  「ブンジンたちのいるところ」服部 和(芝浦工業大学)
- 64 **DAY1 佳作**
  「共鳴のアーキテクチャ」高橋昇太郎(神奈川大学)
- 66 **DAY2 佳作**
  「感性の眼と知性の眼」中西さくら(芝浦工業大学)

- **68** DAY2 佳作
  「モノの住所『我思う、そのたび世界在り。』」妹尾美希（日本大学）
- **70** DAY2 佳作
  「織りなす町」大本萌絵（東京理科大学）
- **72** DAY2 佳作
  「向こう十軒両隣」大橋 碧（早稲田大学）

74　Chapter2 審査会
- **76** 0次審査
- **78** DAY1 1次審査
- **80** DAY1 2次審査
- **82** DAY1 最終議論ダイジェスト
- **88** DAY1 審査総評
- **90** DAY2 1次審査
- **92** DAY2 2次審査
- **94** DAY2 最終議論ダイジェスト
- **102** DAY2 審査総評
- **104** 受賞作品一覧

106　Chapter3 出展作品
- **108**「百鬼夜行」髙橋侑臣（日本大学）
- **109**「みち綾なす」鈴木真衣（芝浦工業大学）
- **110**「オプトアウト」矢島琴乃（日本大学）
- **111**「せん」伊藤綾香（日本大学）
- **112**「巨人の箱庭」太田優我（日本大学）
- **113**「他なる空間のあわい」高田真之介（慶應義塾大学）
- **114**「分解・再編」摩嶋日菜子（法政大学）
- **115**「都邑湊」山田蒼大（法政大学）
- **116**「丹波漆伝承物語」菰田伶菜（京都工芸繊維大学）
- **117**「農家の孫にできること」望月博文（東京理科大学）
- **118**「無形之感取」草山大成（明治大学）
- **119**「揺らぎ」神保太亮（日本大学）
- **120**「都市寄生」小山莉空（東海大学）
- **121**「都市の塒」小川七実（法政大学）
- **122**「伝統工芸工房の逆再生シアター」菊地瑛人（芝浦工業大学）
- **123**「狂気する祭礼都市」本多空飛（明治大学）
- **124**「塔のある群造景について」宮本皓生（工学院大学）
- **125**「心を紡ぐ」高梨颯斗（神奈川大学）
- **126**「候」箕輪羽月（東京理科大学）
- **127**「Island or Housing No.1-5」徳家世奈（東京電機大学）
- **128**「斜面をつづるこどもの帯」小林珠枝（東北大学）
- **129**「鉄の起水とアグリズム」富永玲央（日本大学）
- **130**「まちと停車場」法貴伶海（日本大学）

- **131** 出展大学・専門学校 統計データ
- **132** 実行委員メンバー
- **134** 協賛企業
- **140** 奥付

大会Concept

紡ぐ

建築学生にとって「卒業設計」とは、これまで建築を学んできた、時の流れの中で起きた出来事一つひとつを、短い学生生活を、紡いできた集大成である。同じ釜の飯を食う者同士、切磋琢磨しながら時間をかけて紡いできた作品を通して人とつながり、こころに刻まれて欲しい。そして、この設計展を基点として、さらなる人生へと建築を紡いで欲しい。未来ある若者が、この先の人生で今よりもっと、花開くことを願って。

開催概要

「卒、」とは

「卒、」は「そつてん」と読みます。
実行委員会は関東を中心に、有志で集まった建築を学ぶ学生で構成されています。建築学生の集大成とも言える卒業設計の発表の場を設け、より多くの人に建築の素晴らしさ・楽しさを伝えられるように1年かけて企画・運営をしています。学校・学年・地域を超えてさまざまな学生と意見を交わし、刺激し合いながらフラットな関係を目指しています。

主催：「卒、24」実行委員会

日程：2024年2月23日(金)〜26日(月)

講評会DAY1：2024年2月24日(土)

講評会DAY2：2024年2月25日(日)

特別協賛：株式会社 総合資格／総合資格学院

協賛：株式会社 キャリア・ナビゲーション／コンキャリ、株式会社 鍛治田工務店、株式会社 大建設計、大同工業 株式会社、チームラボ 株式会社、株式会社 ノーブルホーム

[0次審査]

2024年2月16日（金）
会場：総合資格学院 新宿校
本選に進出する作品を選ぶ事前審査。全クリティークによる事前投票の結果を元に、榮家志保氏、工藤浩平氏、泪川恵理氏、西田司氏、堀越優希氏、山本想太郎氏が参加し、本選に進む53作品を決定した。

[本選] ▶▶▶▶

DAY1
2024年2月24日（土）

DAY2
2024年2月25日（日）

会場：隅田公園
　　　リバーサイドギャラリー

[1次審査]

クリティークが全作品を巡回する、ポスターセッション形式の審査。持ち時間は出展者1名につき2分で、プレゼンテーションと質疑応答を行う。その内容を踏まえて、各クリティークが10作品に票を投じ、議論と併せて2次審査に進む10作品を選出。

[2次審査]

1次審査を通過した10作品による公開プレゼンテーション。持ち時間は1作品につきプレゼン4分、質疑応答4分の計8分。模型とプレゼンボード、スライド資料を用いてプレゼンが繰り広げられる。

[最終議論]
最優秀賞と各賞を決定する最終ディスカッション。各クリティークが最優秀賞に推す作品に投票し、その結果をベースに、出展者のコメントを交えて議論する（進行状況により審査方法は変更の場合有り）。

最優秀賞
および
各賞決定！

総合司会
（DAY1／DAY2）

西田 司
Osamu Nishida

オンデザインパートナーズ／
東京理科大学 准教授

1976年	神奈川県生まれ
1999年	横浜国立大学卒業
2002-07年	東京都立大学大学院 助手
2004年	オンデザインパートナーズ設立
2005-09年	横浜国立大学大学院Y-GSA 助手
2019年-	東京理科大学 准教授

DAY1
ゲスト クリティーク

河田 将吾
Shogo Kawata

チームラボアーキテクツ

1977年	鳥取県生まれ
2000年	京都工芸繊維大学卒業
2003年	ORPPS／河田将吾建築設計事務所設立 （2010年に河田将吾一級建築士事務所に改称）
2009年	チームラボオフィス共同設立
2015年	チームラボアーキテクツに改称

柴田 淳
Jun Shibata

柴田淳建築設計事務所
相模女子大学 准教授

1978年	佐賀県生まれ
2004年	マニトバ大学建築学部（カナダ）卒業
2006年	ロンドン大学バートレット校建築学部（イギリス）修士課程修了
2006年	隈研吾建築都市設計事務所入所
2020年-	隈研吾建築都市設計事務所 パートナー
2020年	千葉大学 非常勤講師
2021年	柴田淳建築設計事務所設立
2021年-	相模女子大学 准教授

須崎 文代
Fumiyo Suzaki

神奈川大学 准教授

2004-05年	パリ・ラヴィレット建築大学、 リスボン工科大学（AUSMIP国費留学）
2005年	千葉大学大学院修士課程修了
2010年	日本学術振興会 特別研究員DC1
2014年	神奈川大学大学院博士課程修了
2017-22年	神奈川大学 特別助教、 日本常民文化研究所 所員
2022年-	神奈川大学 准教授

津川 恵理
Eri Tsugawa

ALTEMY

2013年	京都工芸繊維大学卒業
2015年	早稲田大学創造理工学術院修了
2015-18年	組織設計事務所勤務
2018-19年	Diller Scofidio + Renfro（アメリカ）勤務 （文化庁新進芸術家海外研修生として）
2019年	ALTEMY設立
2020-23年	東京藝術大学 教育研究助手
2021年-	東京理科大学 非常勤講師
2022年-	早稲田大学 非常勤講師
2023年-	東京電機大学大学院 非常勤講師
2023年-	日本女子大学 非常勤講師

堀越 優希
Yuki Horikoshi

YHAD

1985年	東京都生まれ
2009年	東京藝術大学美術学部建築科卒業
2010年	リヒテンシュタイン国立大学（交換留学）
2012年	東京藝術大学大学院美術研究科 建築専攻修了
2012-19年	石上純也建築設計事務所、 山本堀アーキテクツ
2019年	YHAD設立
2021-22年	芝浦工業大学 非常勤講師
2022年-	東京藝術大学美術学部建築科 助教

DAY2
ゲストクリティーク

榮家 志保
Shiho Eika

EIKA studio／o+h

1986年	兵庫県生まれ
2009年	京都大学工学部建築学科卒業
2010-11年	Mimar Sinan Fine Arts University（トルコ）
2012年	東京藝術大学大学院美術研究科建築専攻修了
2012年-	大西麻貴+百田有希 / o+h パートナー
2018-21年	東京藝術大学 教育研究助手
2019年-	EIKA studio 主宰
2021年-	関東学院大学 非常勤講師
2022年-	法政大学 兼任講師

香月 歩
Ayumi Katsuki

東京工芸大学 准教授

1986年	福岡県生まれ
2009年	東京工業大学工学部建築学科卒業
2009-10年	パリ・ラヴィレット建築大学（フランス）
2012年	東京工業大学大学院人間環境システム専攻修士課程修了
2017年	東京工業大学大学院人間環境システム専攻博士課程修了、博士（工学）
2018-24年	東京工業大学環境・社会理工学院建築学系 助教
2021年-	法政大学江戸東京研究センター 客員研究員
2024年-	東京工芸大学 准教授

工藤 浩平
Kohei Kudo

工藤浩平建築設計事務所

1984年	秋田県生まれ
2008年	東京電機大学工学部建築学科卒業
2011年	東京藝術大学大学院美術研究科修了
2012-17年	SANAA
2017年	工藤浩平建築設計事務所設立
2020年-	東京電機大学 非常勤講師
2023年-	東京理科大学 非常勤講師
2023年-	多摩美術大学 非常勤講師

棗田 久美子
Kumiko Natsumeda

GROUP

1988年	広島県生まれ
2011年	京都造形芸術大学卒業
2013年	慶應義塾大学大学院修士課程修了
2014-20年	オンデザインパートナーズ
2018-21年	BORD 共同主宰
2021年-	GROUP 共同主宰
2021-24年	相模女子大学 専任講師

山本 想太郎
Sotaro Yamamoto

山本想太郎設計アトリエ

1966年	東京都生まれ
1989年	早稲田大学理工学部建築学科卒業
1991年	早稲田大学大学院理工学研究科修士課程修了
1991-2003年	坂倉建築研究所
2004年	山本想太郎設計アトリエ設立
2006年-	東洋大学 非常勤講師
2011年-	工学院大学 非常勤講師
2013年-	日本建築家協会 デザイン部会長
2015年-	芝浦工業大学 非常勤講師
2021年-	一般社団法人 日本建築まちづくり適正支援機構 設計コンペ・プロポーザル相談室 室長
2022年-	一般社団法人HEAD研究会 代表理事(副理事長)

Chapter 1

受賞作品

DAY1 最優秀賞 見えない豊かさを纏う家

橋本 菜央　法政大学

DAY1 最優秀賞

NO. 161

見えない豊かさを纏う家

[プログラム]専用住宅、賃貸住宅　　[構想／制作]1年間／1カ月　　[計画敷地]東京都新宿区高田馬場
[制作費用]150,000円　　[進路]法政大学大学院

橋本 菜央
Nao Hashimoto

法政大学
デザイン工学部
建築学科
小堀研究室

■ 友人達との日々

2023.3 — 2024.3
アルバイト　　dialogue in the dark
論文調査　　インタビュー
　　　　　　まち歩き

■ 彼らとの会話の中で感じた問題意識

彼らとの会話の中で家を貸してもらえないという事実があることが分かりました

これは人々が彼らの暮らしを知らないから起こることなのではないでしょうか

また家の中での落ち着く空間はトイレや押し入れの中などが挙げられ
設計の意図と彼らの生活の間のズレが生じていると考えられます

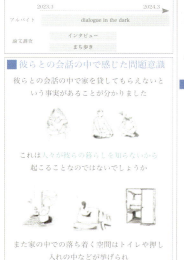

■ 提案

「見えない」からこそのふるまいや身体感覚をすまいの設計手法に組み込むことで「家」との関わりをより豊かにする可能性を提案します

彼らの暮らしを豊かにするだけではなく
晴眼者にとってもまちや建築が纏う見えない豊かさを知覚するきっかけになることを考えます

■ 施主家のすまいと賃貸住宅の設計

私の友人の全盲夫婦を施主と見立て、
施主家族のすまいと
視覚障害者、晴眼者関係なく入居する
3戸の賃貸住宅を設計します

施主家のすまい　　　　　　賃貸住宅

■ 本提案の進め方

本提案では友人15人に意見をもらいながら設計を進めていきました

アルバイト先での日常　　まち歩き　　スタディ案の検討

彼らの持つ視点と実際の空間の一致をはかった

私には普段から目を使わないで生活をしている視覚に障害のある友人たちがいる。この1年間「見えない」彼らと何気ない日々を過ごしてきた。そんな「見えないからこその視点」を教えてもらう日々の中で、自分の中で新しい身体感覚が芽生え、まちや建築を見る目が豊かになったと感じるようになった。そんな私の新しい身体感覚と彼らだからこその視点から建築の空間を考える。

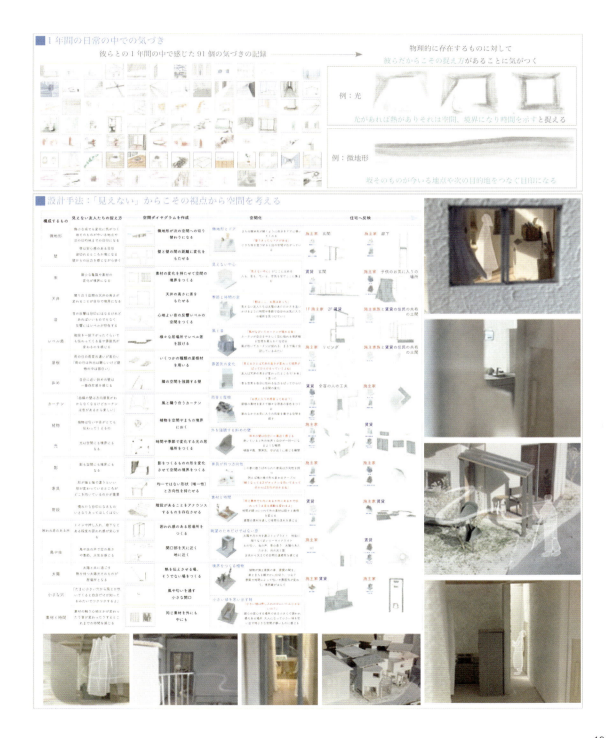

みんなでPersonal Water Networkをつくる
－自律分散協調型水供給インフラの整備と普及－
高部 達也　慶應義塾大学

DAY1 最優秀賞／DAY2 佳作

DAY1 最優秀賞 / DAY2 佳作

NO.342

みんなでPersonal Water Networkをつくる
― 自律分散協調型水供給インフラの整備と普及 ―

[プログラム] インフラストラクチャー、環境デザイン　[構想／制作] 1年／3カ月
[計画敷地] 慶應義塾大学湘南藤沢キャンパス内　[制作費用] 800,000円　[進路] 慶應義塾大学大学院

髙部 達也
Tatsuya Takabe

慶應義塾大学
環境情報学部
環境情報学科
松川研究室

① 森アトリエ前井戸　② 体育館前井戸　③ SBC前井戸

みんなでPERSONAL WATER NETWORKをつくる
自律分散協調型水供給インフラの整備と普及

自 井戸を掘ってみる　分 これだけの道具で井戸が掘れる　協 オンライン井戸マップ

自 1基半年の時間をかけて整備　分 井戸掘り完全理解マニュアル　協 水の味の違いを楽しむ

私は1年で学内に井戸を3基整備した。本研究では井戸を自律分散協調型水供給インフラとして捉えている。『自律』では、既存の水道インフラから自立し、自然の中で自律的に駆動する地下水の流れに着目し、井戸を1基半年の時間を掛け掘削した。『分散』では、2・3基目の整備を通じて、自ら開発した工法を洗練させ、すべてのノウハウを150ページのマニュアルにまとめあげた。「インフラの民主化」である。『協調』では複数の井戸の水の違いを楽しむためのマップアプリを開発した。各井戸の貯水・揚水状況・水質検査結果を知ることができ、井戸へのアクセス性向上と水の違いを楽しむことのできるサービスとなっている。

- 自律 - 井戸の価値を知り、実際に1人で掘ってみる

■ 自律的に駆動し、分散化可能なインフラである井戸を実際に掘削・整備する

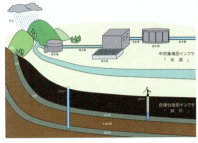

■ ひとりで、187日間掘り続け、出水させた

井戸は自律的なインフラだ　地面に穿つだけで水を得ることが可能である　帯水層まで穴を穿つ方法を広く共有することで、簡易的に整備でき、基数が増加する　地層により水質や味が異なる点で、井戸ごとに水の個性がある　水道と併用することで水インフラ全体の冗長性が増す

第1号井戸：森アトリエ前井戸　深度：9.3m　整備期間：187日
初めての井戸掘削を1人で行った　明治時代に行われていた『大坂掘り』や『上総掘り』を試行し、1人で安価に、省力化可能な井戸掘削工法の開発を行った　最終的に電動ドリルでのオーガドリル回転掘削に至った

- 分散 - 誰もが井戸整備できる『井戸掘り完全理解マニュアル』を出版し、「水インフラの民主化」を図る

■ 2・3号井戸の掘削を通じて工法を洗練

■ ホームセンター・amazonで調達可能な部材

■ 『井戸掘り完全理解マニュアル』

第2号井戸：体育館前井戸　深度：9.8m　整備期間：59日
第3号井戸：SBC前井戸　深度：3.8m　整備期間：3日
3基の井戸整備を通じて、整備期間を半年から3日に短縮させた　3種の井戸水は水質や味が異なっており飲み比べをして楽しむことができる

マキタ製電動ドリルに加え、掘削を容易にするための単管フレームでオーガドリル回転掘削を行った　写真中央の治具に電動ドリルとオーガドリルを固定し上下して掘削する　使用部材は全てホームセンター/amazonで購入可能であり、徹底的に井戸整備のハードルを下げている

- 協調 - マップアプリを利用し、様々な個性を持つ井戸水を楽しむ

■ アプリ PersonalWaterNetworkMap

■ センサ・ソーラー・バッテリでデータを送信

■ 水質検査で水を知り、水を飲み比べて楽しむ

登録された井戸所在地のほか、現在の貯水量・揚水量をスマホから確認することのできるオンラインマッピングサービス　水質検査結果なども見ることができるため、気になる井戸の水がどういった特徴なのかを知ることができる　左下QRコードから即時データにアクセス可能である

オンラインマップを支えるセンサ・電源システム　水圧・水流センサによって井戸の状況をセンシングし、ソーラーパネル・バッテリーによって昼夜問わず24時間最新データを更新し続ける　大容量バッテリーに充電用アダプタを接続すれば、災害時には水・充電ステーションとなる

重度障碍児の旅
―対比でつくる共生の回遊―

松山 こと子　芝浦工業大学

DAY2 最優秀賞

DAY2 最優秀賞

NO.169 重度障碍児の旅
－対比でつくる共生の回遊－

[プログラム]短期滞在施設　　[構想／制作]7カ月／2週間　　[計画敷地]東京都江東区清澄庭園
[制作費用]100,000円　　[進路]就職

松山 こと子
Kotoko Matsuyama

芝浦工業大学
建築学部
建築学科
小塙研究室

訪れる人、ふるまい方を規定しない。
どのような身体性を持つ人にもその空間の使い方を委ね信頼するような建築を目指した。

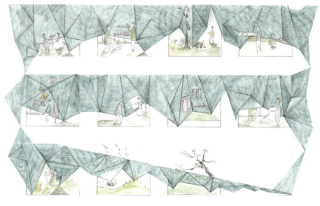

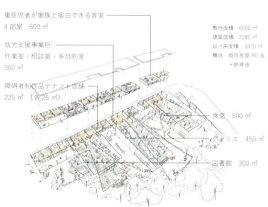

重症者が家族と宿泊できる客室
4部屋　600㎡

就労支援事業所
作業室・相談室・多目的室
500㎡

障碍者制作品テナント店舗
225㎡（各25㎡）

敷地面積　6000㎡
建築面積　2280㎡
延べ床面積　3420㎡
構造　既存長屋RC造
　　　＋鉄骨造

食堂　500㎡
アトリエ　450㎡
図書館　300㎡

重度の身体・知的障碍が重複し、言葉でのコミュニケーションができない重症心身障碍児者。妹がその一人であることから、閉じた世界に隠れてしまうが、隔ての外側に感情の高まりを抱いている人々と家族の代弁者として包括的な社会を目指すため公の場を設計した。敷地は都市と庭園の境界部。共存しつつ分離している象徴的な構図をもつ清澄庭園と旧東京市営店舗向住宅を選定し、長屋の改修とボックスの新築を行った。施設は回遊の庭園の回遊路の一部となる。大きなスケールでの回遊と小さなスケールでの身体性を、身体変形により視線に特殊な角度を持つ空間の見え方の偏りから、ステンレスとコールテン鋼の多面的な「帯」がつなぐ。

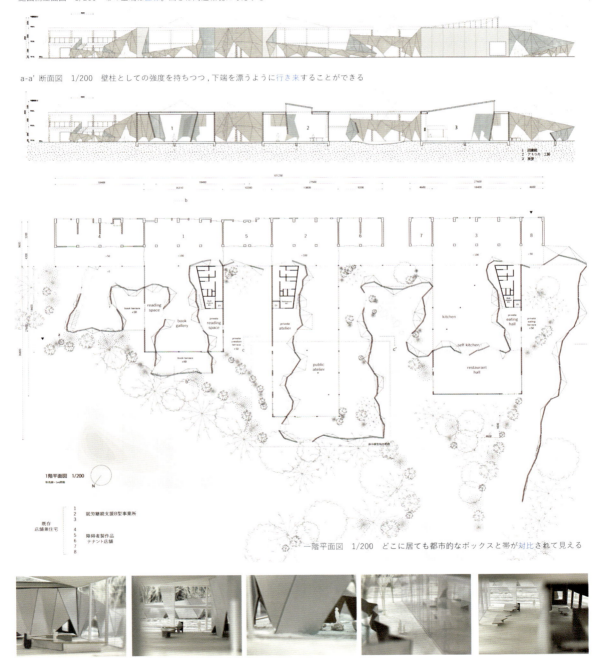

NO.062 イソリウム

[プログラム]水族館　　[構想／制作]6カ月／2週間　　[計画敷地]神奈川県三浦市三浦町城ヶ島
[制作費用]150,000円　　[進路]東京都市大学大学院

永田 典久
Norihisa Nagata

東京都市大学
建築都市デザイン学部
建築学科
手塚研究室

私は城ヶ島の磯に建築を建てることにした。そもそも磯を示す言語は日本語にしか存在しない。それは日本人が昔からそこでのアイコニックな現象を認識し、暮らしの一部として取り入れてきたからかもしれない。近年は磯の景観としての魅力が先行し、城ヶ島に住む人々の生の暮らしを見つけることは難しくなっている。果たして、その地にどのような建築を建てるべきなのか。そこでまず、磯に住む生き物から特徴・生き方をリサーチし、それを踏まえて磯生物のDNAを持った建築空間を構成した。この建築によって、城ヶ島に住む人々と訪れる人々の磯の認識の違いを少しでも減らせたら良いと願う。

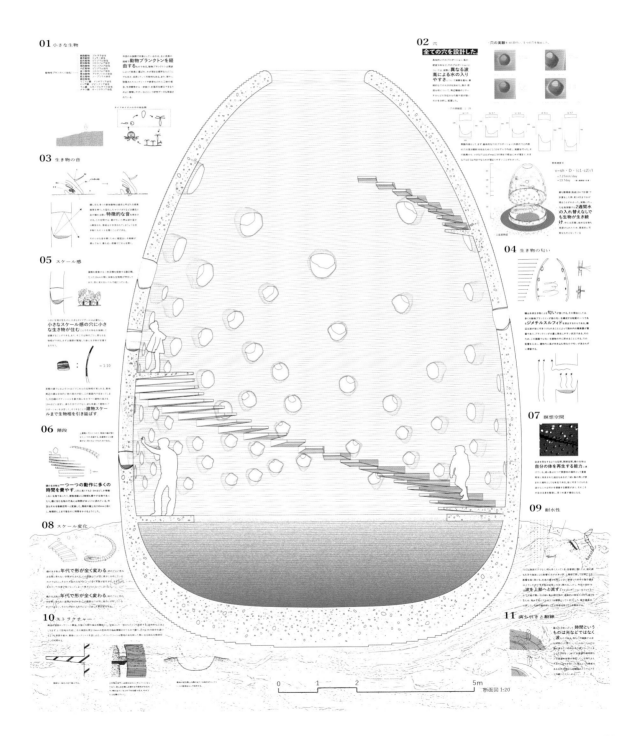

DAY1 柴田淳賞

NO.041 天泣で紡ぐ
遊緑民による砂漠緑化の提案

[プログラム]インフラ施設　[構想／制作]2カ月／1カ月　[計画敷地]中国内モンゴル
[制作費月]200,000円　[進路]広島大学大学院

谷 卓思
Takashi Tani

広島大学
工学部
第四類建築プログラム
設計学研究室

天泣で紡ぐ - 遊緑民による砂漠緑化の提案 -

世界最大の水輸入国"日本"

一見すると無縁に見える"中国で起こる砂漠化"と"日本"
しかし実は日本が食物や服を中国から輸入することで同時に水を輸入し水不足や砂漠化を引き起こしている
水不足や砂漠化に悩む中国では生態移民政策が実施され、遊牧や放牧が禁止された
4000年以上続いた伝統的な暮らしが今途絶えようとしている そんな時,砂漠化を防止するべく遊緑民が立ち上がる

01 日常の中の中国製品

■身の回りの中国製品

私たちの日常生活は中国製品に囲まれている。
洋服、冷凍食品、スーパーに並ぶ野菜や牛肉、毎日使うスマホやテレビ。
中国製品をなしに日本人は生きていくことはできない状況になっていると言える。

■生産に必要な水の量＝仮想水

中国からのモノの輸入で成り立つ生活。
実はモノだけではなく同時に目に見えない水＝"仮想水"を輸入してしまっている。
仮想水とは洋服や食料等を生産するのに使用する水の総量のことを指す。

02 世界最大の水輸入国"日本"が引き起こす砂漠化

■水輸入マップと砂漠化地域を重ねる

食料自給率が低く、食料や洋服のほとんどを輸入する日本ではより多くの仮想水を必要とする。実は日本は"世界最大の水輸入国家"なのである。水の総輸入量は640億㎥にも及ぶ。間接的に水を奪うことで砂漠化を引き起こしているのだ。

03 敷地 "中国 内モンゴル自治区"

■敷地 "内モンゴル自治区"

砂漠化、都市ごみ問題、民族問題問題を抱える。かつてはゲルで暮らした。
生態移民政策によって移民村への転換を余儀なくされ家畜との暮らした。

①オルナ家族 3人家族
移民村へ移転後、タクシー運転手
「放牧を禁止され、生業転換を余儀なくされました。生活が苦しくなりました。」

②バートル夫婦 2人家族
移民村へ移転後、家畜飼料作り
「移民村には住まないほうが良い。故郷に帰りたいと思ってしまっている。」

「中国の環境政策 生態移民 緑の大地 内モンゴルの砂漠化を防げる」

【 Phase1-NGOが遊緑民派遣- 】　【 Phase2-水源郷を建て天泣を集める- 】　【 Phase3-都市ごみで土壌改善する- 】　【 Phase4-

都市ごみであるペットボトルを用いて組積造建築を作る　　ステンレスメッシュによって空気中の水を水分に変える　　都市ごみを撒くことによって保水力を上げ,土壌改善する　　低木→草→高

世界最大の水輸入国日本。一見すると無縁に見える中国で起こる砂漠化と日本。しかし実は食物や服を中国から輸入することで同時に水を輸入し砂漠化を起こしている。砂漠化に悩む中国では生態移民政策によって遊牧が禁止された。4000年続く伝統が今途絶えようとしている。そんな時砂漠化を防止するべく遊緑民が立ち上がる。

04 砂漠化をすくう遊緑民

■ 遊緑民とは
内モンゴル各地をペットボトルハウスで巡り水源郷を建てる。水源郷から取れる天泣＝水滴と都市ごみを用いて砂漠緑化を図る人たち＝遊緑民を提案する。

■ 構成員
NGOに派遣され、建築技術者、大学教授、大学生、会社員、地域住民で構成される。

遊緑民になることで、より身近に4000年以上続く遊牧の文化に触れることができ、その文化を守る一助になる
学生は世界各地の建築技術者や、大学教授、社会人、遊牧民と関わることができ、かけがえのない経験となる

■ 遊緑民相関図

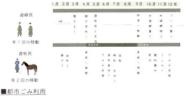

水源郷とペットボトル組構造による建築を建てることで、内モンゴルの新たな未来を創造していく

■ 遊緑民と遊牧民のライフスタイル
夏の期間を遊牧民と遊緑民で過ごす。互いの生活動線で交流が生まれる。水を介したコミュニティが出来上がる。

■ 都市ごみ利用
遊緑民は中国で問題となる都市ごみをペットボトルと生ごみの2つに分け利用する。
① ペットボトルの中に水か珪砂を詰めることで建築資材へと変える。
② 都市ごみを砂漠緑化のための土壌改善として利用する。

【 Phase5- 遊牧民がやってくる- 】　【 Phase6- 遊緑民が移動して緑が広がる- 】　【 Phase7- 水源郷から村が広がる- 】

遊牧民がやってきて、放牧することで家畜の生活動線が緑化される　　遊緑民が移動することで緑が広がり砂漠化が防止されていく　　ペットボトル組構の技術を用いて村が広がっていく

DAY1 須崎文代賞

NO. 356

風車が廻り続ける
―鳥屋野潟の記憶と風景を読み解き、提案する新たな循環構想―

[プログラム]風車　[構想/制作]1ヵ月/1ヵ月　[計画敷地]新潟県新潟市鳥屋野潟
[制作費用]60,000円　[進路]法政大学大学院

成田 駿
Kakeru Narita

法政大学
デザイン工学部
建築学科
小堀研究室

生まれ故郷新潟に眠るルーツ「潟」。かつては潟を中心に漁や狩猟といった生業が生まれ、文化は発展していき潟の恵みとともに人々は暮らしてきた。しかし高度経済成長期とともに効率社会から拒絶され水質は悪化、命溢れる潟の姿は消えた。そんな状況でもこの存在は新潟の宝であり、この地でのみ可能な豊かな暮らしをつくりあげるきっかけになると強く感じた。大きな問題である植物帯のあり方と人々の意識。ただの環境装置ではなく、植生の更生や人々の意識の変化など長い時間をかけてより深く持続可能な循環が風車を中心に物理的のみならず、生まれてくる。この風車が廻り続けることが今はなき潟と人、両者の共生を可能にすることを願う。

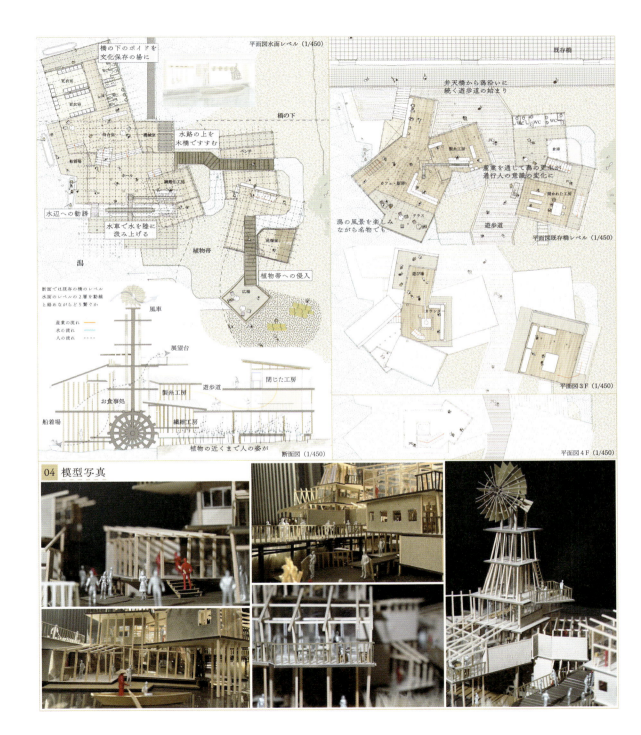

DAY1 津川恵理賞

NO.132 額縁から見る
－建築の作品化による街道沿いの分散型展示廊－

[プログラム]フォリー　[構想／制作]5カ月／2カ月　[計画敷地]埼玉県桶川市
[制作費用]150,000円　[進路]株式会社MS Architects(旧 本間總合建築一級建築士事務所)

菅野 大輝
Daiki Kanno

工学院大学
建築学部
建築デザイン学科
樫原研究室

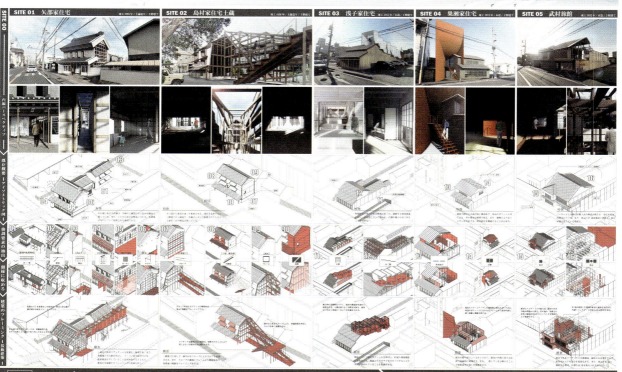

| 背景 | 1-1 あっけない最後 | 1-2 消えゆく「桶川宿」 | 提案 | 2-1 強調要素の抽出 |

取り壊し日 2023年11月

当初、今卒業設計の対象としていた建築物が、2週間見ない間に突然取り壊されていた。100年以上地域とともに生きてきたのにも関わらず、あっけない最後である。建築は気づけば解体され現代に埋もれていく。

埼玉県桶川市 中山道六十九次 桶川宿

埼玉県桶川宿の当時の町並みは、戦後から現在に至るまでに大半が失われ、残る建築は虫食い状態だ。その反面、残った対象建築は当時の様式や構造自体が作品性として現れ、現代において強調的にその姿を主張している。

既存建築がもつ当時の文化や流行は、今にはない作品性を帯びる。だが、そのオーセンティシティは現代の桶川では伝わりにくい。そのため、まず各対象の既存が持つ敷地構成や構造、工法を抽出し具体化する。

建築の最後はあっけない。埼玉県桶川宿は残してきた歴史的価値を忘れられ、気づけば消滅しつつある。そんな現代に埋もれる建築に、額縁を付与し建築そのものを作品にする。空間を切り取り、工法を具体化し、構造を相対的に魅せる立体的な額縁は、既存を装飾建築として本来の価値を可視化していく。そして、解体物は小さなフォリーに再構築し、建材を保存しながら街道沿いに分散する。これらの建築という作品は中山道をギャラリー化し、現代の新たな宿場町を形成する。点在する建築を鑑賞し街道沿いを散策することで、桶川そのものを再発見していく分散型展示廊。

点在する作品を巡り街道を散策することで、桶川の街そのものを再発見していく。

桶川市中山道 分散型展示廊

2-2 建築のフレーミング

【動線】 【視線】 【視覚化】

既存の具体化した要素をフレーミングすることで、既存要素に対する視線や動線の誘導、視覚化を図る。それにより、現代に埋もれた建築の文化や価値を再発掘していく。「立体的額縁」は既存建築を作品化し、新たな視点を与える。

3-1 解体物の再構築

額縁の付与により解体された既存の一部をコラージュし、フォリーとして再構築する。既存からスケールダウンした小さな作品は、桶川の生活に身近となった新たな場として、建築と人との繋がりを生む。

3-2 分散型展示廊

中山道に分散された作品により、地域一帯がギャラリー化する。桶川そのものが展示廊として、建築を鑑賞し、散策することで、現代的な視点から新たな価値と経験を発掘していく。

水上ビルの終活
－川の上に建つビル群から農業公園への提案－

NO. 125 / DAY1 堀越優希賞

[プログラム] 農業公園　[構想／制作] 10カ月　[計画敷地] 愛知県豊橋市
[制作費用] 200,000円　[進路] 鹿児島大学大学院

早坂 秀悟
Shugo Hayasaka

鹿児島大学
工学部
建築学科
朴・増留研究室

敷地は愛知県豊橋市の水上ビルである。1964年、川の真上に建設された15棟、全長800mビル群は最盛期を迎えるも現在は衰退、廃墟となったビル群が壁をつくって街を分断している。負の側面がある一方で、ビル群は水上ビルという愛称で親しまれ、川の真上に立つという建築的な魅力も持つ。良い面と悪い面に葛藤した私は、水上ビルを20年かけて減築、解体し、農業公園へと、グラデーショナルに変化させていく、「水上ビルの終活」を提案する。

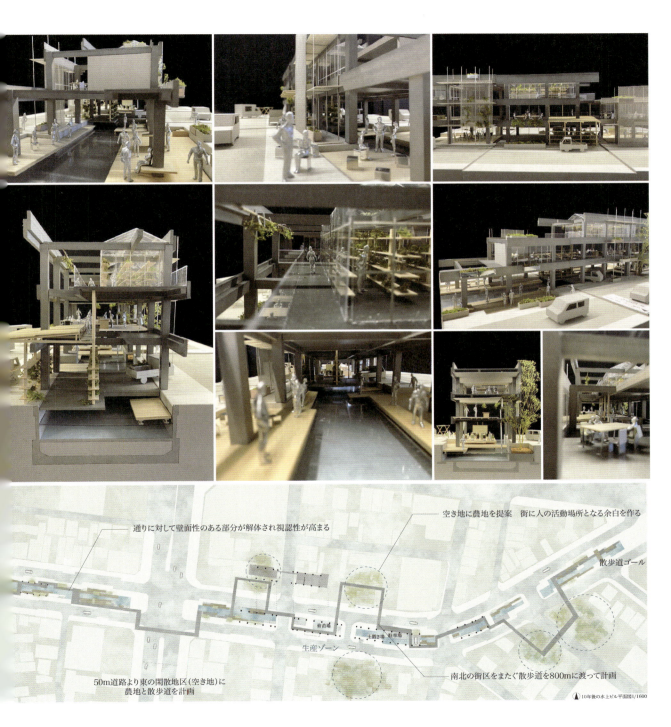

NO.086 共編の詩
― 建築の対話手法による非言語的空間の再編 ―

[プログラム]住宅　[構想/制作]9カ月/3週間　[計画敷地]千葉市緑区
[制作費用]100,000円　[進路]法政大学大学院

竹原 佑輔
Yusuke Takehara

法政大学
デザイン工学部
建築学科
赤松研究室

知的障害者との暮らしは理解者あってこその暮らしである。しかし現在の住宅において、共に暮らす上で不向きであり、実際に私自身、知的障害のある姉、そして家族と向き合えていない。そこで知的障害と向き合うための手立てとして建築を媒体とした間接的、直接的な対話を通し、家族と暮らす上で「住まいが理解者」となるような住宅を提案する。

01. プロローグ
知的障害を持つ姉と障害に対し、家族とも向き合えてなかった私

02. 提案　非言語的空間

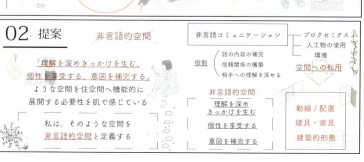

03. 手法　建築を媒体とする間接対話
姉と向き合うための手立てとして、自宅を媒体として、間接対話を行う

1. 日々の備忘録
視覚的なアプローチによる、個性またはある種のコミュニケーションの有無の記録

2. 分析による要素の抽出
非言語的空間になりうるエレメントを抽出する

3. 個性との関係より空間エレメントを構築
姉の個性に寄り添った非言語的空間を構築し、空間的用途によって組み合わせていく

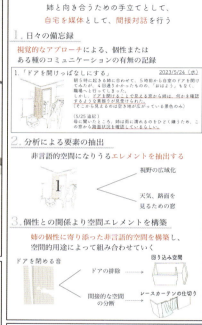

04. モノローグ

姉のルーティーン
空間エレメントの配置関係
から
空間を構築する

建築を媒体とした間接対話による姉と向き合う家

知的障害者との暮らしは理解者あってこその暮らしである。しかし現在の住宅において共に暮らす上で不向きであり、知的障害のある姉や家族と向き合えていない。そこで知的障害と向き合うための手立てとして、まず自宅を対話媒体とし、建築を通して間接的対話を行う。一日にひとつの視覚的アプローチから姉の個性を享受するような要素を抽出し、空間エレメントを構築する。エレメントから構築した家は、私なりの解釈による姉の個性を享受する家。次に、主観から設計した住宅を家族と私を繋ぐ直接的な対話媒体とし、対話から家族の暮らしを付随していく。これらのプロセスから姉と、家族と向き合う「住まいが理解者」となるような住宅を提案する。

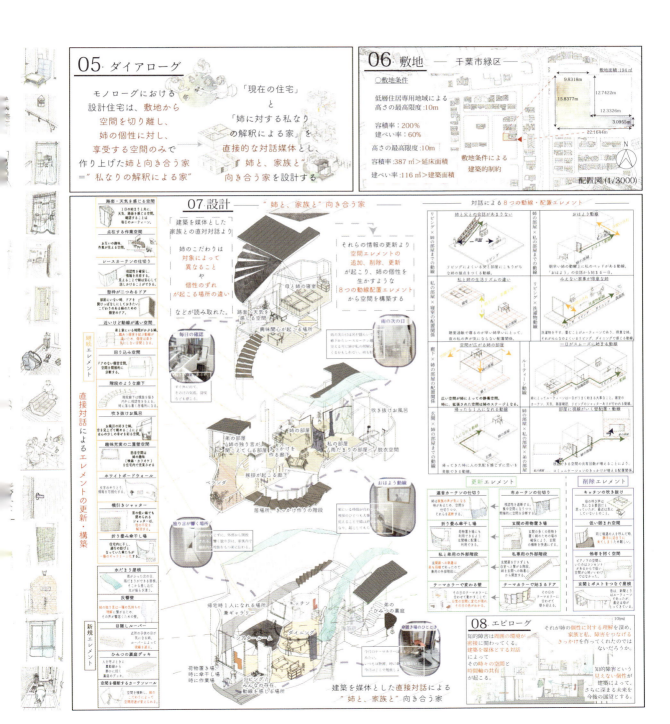

DAY2 香月歩賞

NO. 325 商店街エコビレッジ構想
－地方都市商店街の現代的活用－

[プログラム]複合施設　[構想／制作]4カ月／1カ月　[計画敷地]群馬県高崎市
[制作費用]30,000円　[進路]明治大学大学院

稲村 健太郎
Kentaro Inamura

明治大学
理工学部
建築学科
地域デザイン研究室

商店街エコビレッジ構想
- 地方都市商店街の現代的活用 -

人間が自然環境に与える影響は大きく、地球環境問題はますます深刻になっている。それを受けて、田舎や里山の自然豊かな場所で、持続可能な暮らしを営む人が増えてきているように感じるが、多くの人が集まる都市においてこそ、自然に配慮した生活が必要であり、都市が変わらなければ、人間が自然へ与える影響は変わらない。都市住民にとって、すぐ近くの気付けば目に入っていたり、馴染みのあるような場所で、自然とつながる豊かな暮らしがあり、自分も容易に関わることができる場所をつくることはできないだろうか。

Ⅰ. Site

群馬県高崎市：高崎中央銀座商店街

個人商店で賑わっていたこの地域に、中央銀座商店街共同組合が1951年に設立した。そこから繁栄を続け、1972年には頼町、中紺屋町、寄合町、新紺屋町の4つにまたがる430mのアーケードが架けられた。しかし、現在においては多くの人がこの街を去ると共に、かつて栄えたアーケード商店街は衰退し、シャッター街へと変わり果てた。繁盛していた当時は、254世帯851人がこの街に居住していたが、現在は95世帯174人まで減少し、今後も更なる衰退が予想される。

Ⅱ. Concept

シャッター街となったアーケード商店街

アーケードを温室空間へと転用する

地方都市商店街のアーケードを温室へと転用するリノベーションを行うことで、シャッター商店街を高密度都市における新たなマテリアルフローを生み出す建築群として生まれ変わらせる。人が多く集まる駅と自然資源である河川に挟まれた立地を活かし、都市住民のライフスタイルの変化を促すことから、地域環境機能問題を解決に導くと共に、地域の環境改善にも繋げるための場所として、都市型エコビレッジを設計する。老朽化した建物の解体や空き地の活用によって、エコビレッジに必要な機能を挿入していく。

地図

a site
b station
c school
d park
e park
f river
g city hall
h hotel
i temple
j school
k hospital
l community center

Ⅲ. Energy diagram

作物生産

既存アーケードを温室へと転用することで、430mのストリートで農作物を育てることができる。生産された作物は、エコビレッジの住人の食料となる他、地域住民にも販売され、利益はエコビレッジの運営資金として活用される。

雨水集水

屋根で集めた雨水は全て貯水し、温室内外で育てられている作物にあげる水として活用される。また、農作業に使用した道具の洗浄や、生活用水にも使われ、災害などの緊急事態の際には、地域住民も使用できるストックとして機能する。

太陽光発電

南北に通ったアーケードに対して、それに沿うように配置している建物の屋根部分に太陽光パネルを設置し、エコビレッジ内で使用するエネルギーをまかなう。温室内の作物は、南側からの太陽光が入るため、自然光により育てる。

Ⅳ. Design diagram

既存アーケードを温室化するために新設するガラス壁が、商店街に新たなファサードを生み出す。

温室空間と居住空間が密接に関われるように、3種類の繋がり方を提案する。商店街をエコビレッジにすることで生まれる機能（食堂・コモンズスペース・農作業場・直売所など）を持つ空間は、空き地、空き家を活用し、温室と一体的な空間を持つように全面的に繋がる形を取っている。一方で、エコビレッジの住民の居住空間は、既存建物の改修によるもの、一階、もしくは二階部分の建物を新設するガラス壁まで増築することで、温室空間の環境の一部を内部空間に引き込む工夫をしている。既存建物とガラス壁との間の空間は、住戸の機能が拡張されたり、温室の管理に必要な道具置き場や温室内部と居住空間にいる人の交流の場となる。

地球環境危機の時代に、都市においてこそ自然と共生した暮らしが必要であると考える。商業的な価値が衰退した地方都市商店街のアーケードを温室へと改修し、そこをコモンファームとして寄り添って暮らすエコビレッジを提案する。そこは閉ざされたコミュニティではなく、生産された作物が地域の人々に配られたり、農作業をしに少し立ち寄ったり、子どもたちが近くの公園から集めてきた落ち葉をコンポストにするなど、地域の拠点となるような場所としても機能する。地球環境が悪化する現代における、衰退したアーケード商店街の活用法の一つのモデルとなり、周辺地域に対する新たなマテリアルネットワークを創出する建築群として提案する。

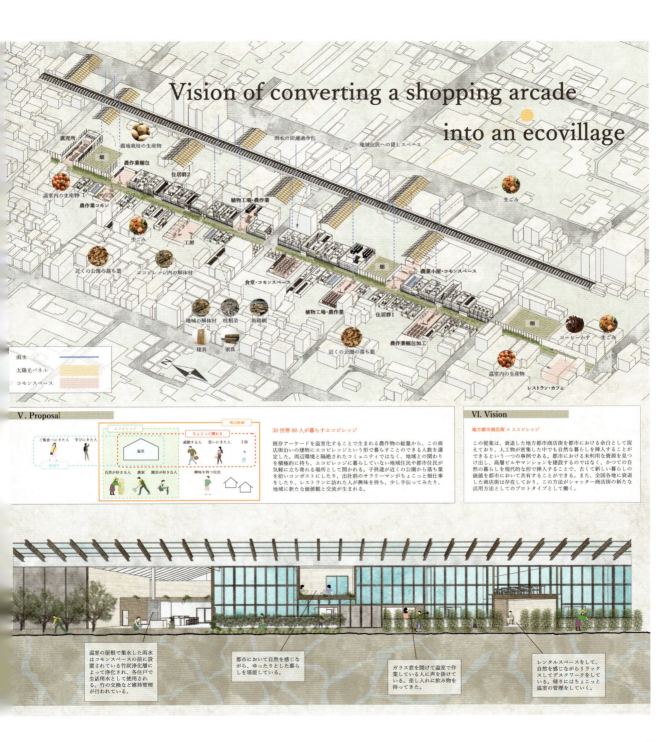

Vision of converting a shopping arcade into an ecovillage

V. Proposal

30世帯80人が暮らすエコビレッジ

既存アーケードを温室化することで生まれる農作物の総量から、この商店街沿いの建物にエコビレッジという形で暮らすことのできる人数を選定した。周辺環境と隔絶されたコミュニティではなく、地域との関わりを積極的に持ち、エコビレッジに暮らしていない地域住民や都市住民が気軽に立ち寄れる場所として開かれる。子供達が近くの公園から落ち葉を拾いコンポストにしたり、出社前のサラリーマンがちょこっと畑仕事をしたり、レストランに訪れた人が興味を持ち、少し手伝ってみたり、地域に新たな価値観と交流が生まれる。

VI. Vision

地方都市商店街×エコビレッジ

この提案は、衰退した地方都市商店街を都市における余白として捉えており、人工物が密集した中でも自然な暮らしを挿入することができるという一つの事例である。都市における未利用な資源を見つけ出し、高層ビルやマンションを建設するのではなく、かつての自然の暮らしを現代的な形で挿入することで、古くて新しい暮らしの価値を都市において共有することができる。また、全国各地に衰退した商店街は存在しており、この方法がシャッター商店街の新たな活用方法としてのプロトタイプとして働く。

DAY2
工藤浩平賞

NO.
1
7
3

実寸大起こし絵図　待庵

[プログラム]茶室？　　[構想／制作]6カ月／6カ月　　[計画敷地]なし
[制作費用]20,000円　　[進路]区役所

森岡 希
Nozomi Morioka

明治大学
理工学部
建築学科
構法計画（門脇）研究室

内 持ち運びができる実寸大の図面兼模型の空間体験

外 紙を立たせる構法

起こし絵図は台紙に平面図を描き、立面図を張り付け、それらを起こし立てることによって建物の立体的な組み立てが容易に理解できるように工夫された図面を兼ねた模型表現である。実寸大にする待庵は国宝に指定されており、紙で実現可能な2畳という大きさで、躙り口や床の間など茶室を構成する最低限のエレメントがある。今回、実寸大起こし絵図では2畳と床の間のみとし、躙り口などの開口部や天井を設け実際に中に入れるようにした。

起こし絵図を実寸大で作ることは単に実寸大倍化するだけでも本来の起こし絵図と同じ作り方では到底立たない。補強しながら実寸大の起こし絵図を紙で作っていくことで本来の茶室や起こし絵図とは似て非なるものが出来上がった。その内部は本来の起こし絵図にできるだけ忠実に再現し、空間が一目でわかるような立体詳細図となった。対して外部は紙を立たせるためつぎはぎや補強が現れている。外部には組み立て手順が書かれていて内は茶室の詳細図、外は組み立て指示図というギャップを生み出した。実寸大起こし絵図は図面、模型に加えて、実寸大の空間把握ができる新しい設計手法や表現方法の足掛かりとなるだろう。

タイムラプス

起こし絵図は台紙に平面図を描き、立面図を張り付け、それらを起こし立てることによって建物の立体的な組み立てが容易に理解できるように工夫された図面を兼ねた模型表現である。実寸大起こし絵図待庵は畳んでスーツケースに入れ持ち運ぶことができ、内は茶室の詳細図、外は組み立て指示図となっている。

待庵の起絵図を実大化してできあがったのは、待庵とも起こし絵図ともつかない、奇妙な人工物であった。実寸大起こし絵図は図面、模型に加えて実寸大の空間把握ができる新しい設計手法や表現方法の足掛かりとなるのだろうか。

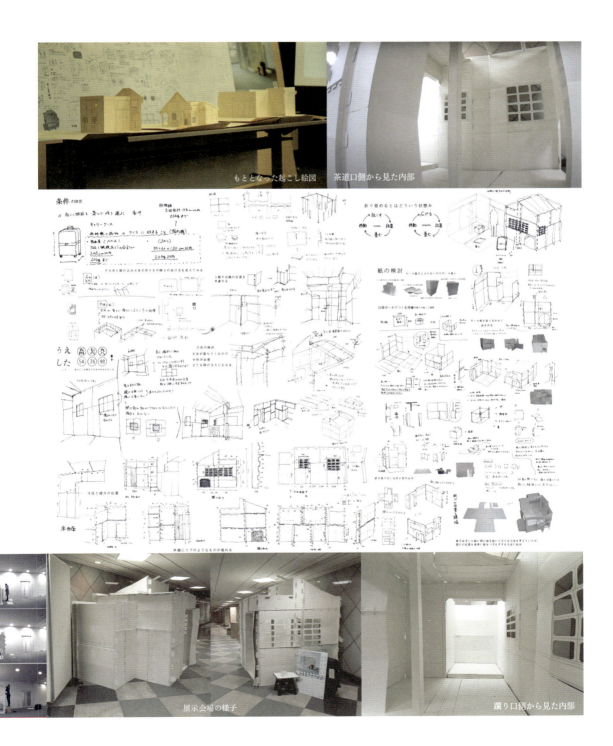

もととなった起こし絵図　　茶道口側から見た内部

展示会場の様子　　躙り口側から見た内部

DAY2 山本想太郎賞

NO. 054 エッフェル塔のオートクチュールコレクション

[プログラム] －　[構想／制作] 1年／3カ月　[計画敷地] パリ7区、シャン・ド・マルス公園
[制作費用] 150,000円　[進路] メーカー

若原 ななこ
Nanako Wakahara

関西学院大学
総合政策学部
都市政策学科
原研究室

Collection de Ligne -線のコレクション-

構造的合理性
高さ300mエッフェル塔に衣服的なものを纏わせる時、構造的に考えるべきは風圧による荷重である。エッフェル塔は鋼鉄の線材で構成されているため、風圧荷重を極限まで減らすことができている。そこで、本コレクションを線にし、主に軸力のない線材を材料とすることで風圧による荷重を減らし、実現可能な提案にした。

スケールレスな糸

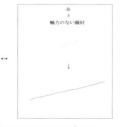

多くの建材は10cmか100mかで大きく変わるが、糸は10cmでも100mでもあまり変わらない。そういう意味で糸はスケールレスであると言える。
また、糸は物理（風・雨・湿気）で変化することがむしろ良く、視覚的には捉えられるため人には影響を与えられる。

ファッションの特徴

1. 割合の違いによってバリエーションがうまれる

Tokimeki
-ときめき-
" 切り替えにシフォンが使われる "
" 綿レースのドレスにときめく "
のように、ファッションは " 装飾性 " などの数値に出せないときめきを残す。

Give an impression
-情報を与える-
" スーツを着ているときちんとした印象を与える "
" ユニフォームは社会に属することを示す "
のように、ファッションは他者に情報を与える。その人自身が変わらなくても、服を纏うことで時や場に合わせて変化する。

Confidence
-自己表現をする-
ファッションは自分を表現し、自信を与えてくれるものである。

Cover
-プロポーションを変えて美しくみせる-
建築は完全に隠すことはできるが、ファッションは体系を変えずにプロポーションだけを変えて美しくみせることができる。

Accept natural change
-気候の変化を受け入れる-
" 防寒のために服を着る "" 袖をまくる "
のように、ファッションは気候の変化を受け入れる役割を果たす。

Protection
-身体を保護する-
" 身体を保護する " というのは、建築とファッションに共通する最も根源的な機能である。ファッションは建築よりも、より身体に近く保護することができる。

2. つくり方
ドローイング→トワルフィッティング→実現するための素材選び

3. アウトプットの仕方
建築はただ一つに決めるが、ファッションは複数のコレクションで一つのメッセージを伝える。

ファッション的な手法で建築に関わることによって、建築の概念を拡張させたいと考えこの設計をした。ファッションデザイナーのディオールは"私のドレスは、女性の身体の均整美を高めるためにデザインされた瞬時の建築である"という言葉を残した。いわゆる建築と言われているものは強くて堅匿で動かないものだが、そういうものでなくても、境界線をつくったり柱や梁で囲われた空間がなくても建築と言えるのではないか。本提案でうまれる空間や変わる人の気持ちは、建築とは違う物体性や時間軸や可変性等を持つファッションの特徴や手法を建築で展開したからこそはじめてうまれるものであり、建築の概念を拡張することにつながると考える。

祈り、生きる建築
― 焼損した江袋教会から始まる新たな信仰のかたち ―

NO. 123

DAY1 総合資格賞 / DAY2 佳作

[プログラム]教会　[構想/制作]1年／2週間　[計画敷地]長崎県上五島市曽根郷江袋
[制作費用]65,000円　[進路]日本大学大学院

工藤 朱理
Akari Kudo

日本大学
理工学部
建築学科
山中研究室

背景
現在宗教をめぐる問題は増え、戦争にもなっている。信仰は目に見えなくとも生き続けるが、教会はスクラップアンドビルドの対象である。では、**なぜ教会がなくなろうとも信仰は生き続けるのか**。長崎県の五島列島にある江袋教会を対象に考えていく。

ものがたり
教会が燃えた、
燃えて今にも朽ちてしまいそうな画像が目に入った瞬間に、敷地はここだと感じた。長崎県上五島市北部にある江袋教会だ。現在使われている木造教会の中で最も古い歴史を持っていたが、2007年2月12日、焼損してしまったのだ。燃え上がる炎、立ち昇る煙を見つめたら、何の手立てをする事の出来なかった無念さ。泣き崩れる人達。2010年には復元されているが、私は新しい信仰を求めて焼損した2007年に戻って設計する。

一集落、一教会
長崎県の本土からキリシタンを追い出したい大村藩と、五島の開墾を進めたい五島藩の利害の一致から移住の協定が決まり、弾圧から逃れるようにして江袋の先祖たちはやってきた。キリシタンは仏教集落とは距離をおいた未開の土地に生活を求めた。その結果、少数のキリシタンたちが島の中に点在し、条件の悪い中腹斜面を切り開き、集落を造り出した。そのため、宗教は集落単位で行われるようになり、集落ごとに教会を持つといった、一集落、一教会になっている。そのため、この江袋集落は**全員がカトリック教徒の集落**である。

記憶
合計1週間による敷地調査やインタビュー調査、文献調査を重ねていくと、この江袋集落はキリシタンによるとでの迫害、新たな土地の開墾など複雑にレイヤーが重なりあった場所であることが分かった。「教会・信仰のレイヤー」・「先祖のレイヤー」・「自然や土地のレイヤー」となる。私はこの複雑なレイヤーの中に新しい信仰のかたちがあると信じ、教会・信仰のレイヤー
設計を始めた。
先祖のレイヤー
自然・土地のレイヤー

新しい信仰のかたち

集落全体で信仰と向き合う
教会はそもそも「建物」や「場所」を意味するものではなく、キリスト教を信じる人々の集まり「共同体」を意味する。そしてこの共同体は聖書の中で「キリストのからだ」と表現されている。

Ⅰコリント 12:27
「**あなたがたはキリストのからだであって、ひとりひとりは各器官なのです**」
そのため、信仰の磁場が広がった**集落全体**を**教会**と捉え直し、焼損したことで行えなくなった機能を各器官として集落中にかたちとなって現していく。

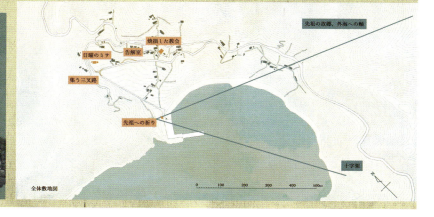

全体敷地図

なぜ教会がなくなろうとも信仰は生き続けるのか。長崎県の五島列島にある江袋教会を対象に考える。敷地である江袋教会は2007年火災により焼損した。実際には2010年に復元されたが、新たな信仰のかたちが生まれると思い、2007年に戻って設計する。この島は一集落一教会であり、江袋集落は全員がカトリック教徒である。そして、教会はそもそも「建物」や「場所」を意味するものではなく、「共同体」を意味する。今でこそ教会は強い形式性を持つが、そこを遡ってみると人々の営みにこそ宗教があり、焼損したことで形式性は一旦失われたとしても、この集落にはもう既に営みの中の共同体としての宗教が根付いているのではないだろうか。

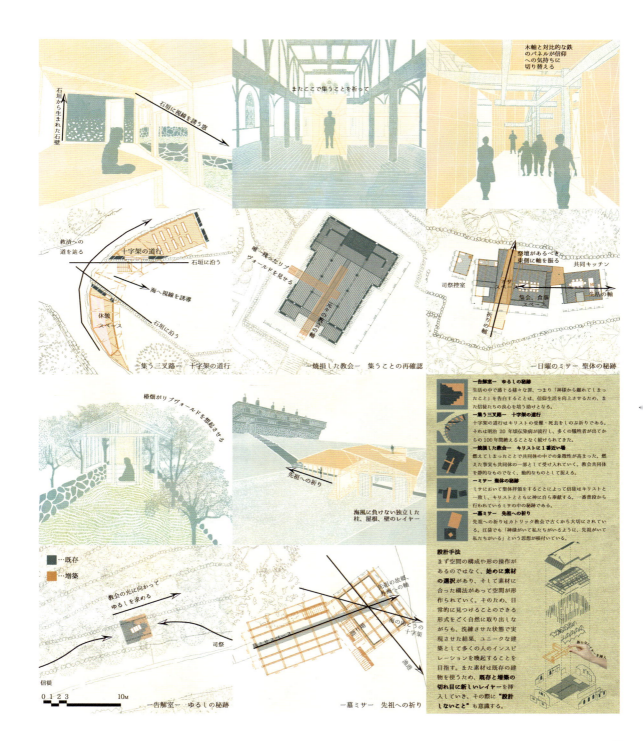

DAY2
総合資格賞

NO. 154

蜃気楼への侵入
～コンテナターミナルの潜在的可能性と活用法～

[プログラム]複合施設　[構想／制作]7カ月／3カ月　[計画敷地]東京都品川区八潮
[制作費用]100,000円　[進路]設計事務所

東園 直樹
Naoki Higashizono

工学院大学
建築学部
建築デザイン学科
冨永研究室

貿易港の作業が人から機械への変化により、港湾は関係者以外立ち入ることができない場所となったが、それと同時に魅力は大きくなっている。また、2024年問題により物流業界が変化を迫られていることから、その変化を想定した未来のコンテナターミナルに"物"だけでなく"人"も行き交うことができる複合施設の提案を行った。世界と比べて遅れている日本のコンテナターミナルに、導入が予想される施設等をマスタープランとして計画し、コンテナターミナルの特性・資源・周辺環境からさまざまな機能を組み込んでいった。人の行動拠点、観光拠点となるような施設を建てることにより、人々は蜃気楼と化したコンテナターミナルへ侵入していく。

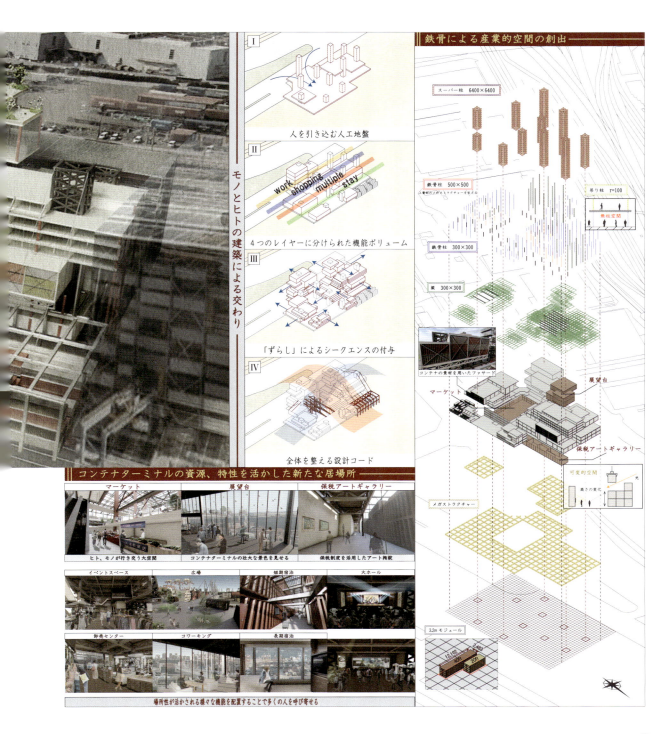

DAY2
コンキャリ賞

NO.079

Tokyo Residue
－首都高の断片的保存による風景と水辺の継承－

[プログラム]水上の交通・文化施設　　[構想／制作]6カ月／1カ月　　[計画敷地]東京都中央区日本橋
[制作費用]100,000円　　[進路]東京電機大学大学院

中山 昂祐
Kosuke Nakayama

東京電機大学
未来科学部
建築学科
日野研究室

船のターミナル／再開発でつくられる人道橋からアクセスする／風景を継承する躯体／首都高に吊られたスラブと水辺で憩う人

01 首都高の撤去

02 風景を残す

時間の重層性があり再開発地点と呼応できる地点を選定。船の移動を組み込んだ施設へと変換。

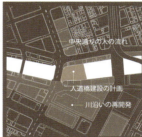

SITE1 日本橋

中央通りの人の流れ／人道橋建設の計画／川沿いの再開発

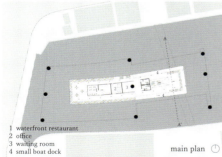

1 waterfront restaurant
2 office
3 waiting room
4 small boat dock

main plan

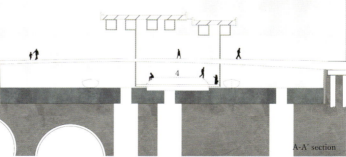

A-A' section

船が行き交う将来に向けたターミナル

船着場を望む

日々変化が絶え間なく続く東京の街並み。近年の街の変化の仕方には、その場の特性を欠くような移ろいに見えていた。そのような中で東京「日本橋」では首都高の地下化による高架の撤去、それに加えて川沿いの再開発により日本橋の風景は劇的に変化しようとしている。風景と場を紡ぐため形として街の記憶を残し、残したものに手を加えていきながら人の場を創出できないだろうか。消えゆく首都高を過去を紡ぐ装置と解釈して断片として保存を行い、将来の水辺の交通・文化施設へと変換する。

首都高と対比的な軽さの屋根　　道路部分に人が立ち入る

メデイアセンター

併設された船着場

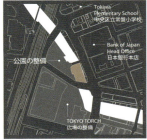

SITE2 常盤橋樋

公園の整備
Tokiwa Elementary School 中央区立常盤小学校
Bank of Japan Head Office 日本銀行本店
TOKYO TORCH 広場の整備

03 再解釈する

人が座れるほどの段差　床を抜き桁の表出が人の場へ
高架上の屋根　桁部分に床を吊る　柱にまとう階段

04 紡ぐ

Residue：残り、残留物

化学において重合体の主鎖以外の部分で、もとの単量体に相当する部分。
首都高は複数の部材（単量体）で構成され、都市的でリニアな風景（重合体）をつくりだしていた。0か100の移り変わりが絶え間なく続く中で、何かを残しながら移り変わっていくことこそ、街の記憶を紡いでいくのではないのか。

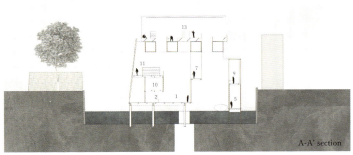

A-A' section

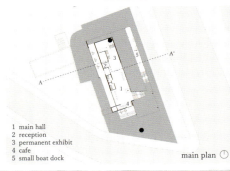

1 main hall
2 reception
3 permanent exhibit
4 cafe
5 small boat dock

main plan

首都高が生み出した大空間を感じる

切断され表出する首都高の断面

学生賞

NO. 081 創造的ダイアローグ
－絵による設計への参加可能性－

[プログラム]複合施設　[構想／制作]1カ月／1カ月　[計画敷地]神奈川県横浜市神奈川区白楽
[制作費用]100,000円　[進路]法政大学大学院

小林 大馬
Hiroma Kobayashi

法政大学
デザイン工学部
建築学科
山道研究室

| Process | 全体の設計プロセス

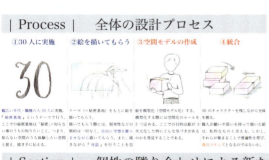

①30人に実施　②絵を描いてもらう　③空間モデルの作成　④統合

幅広い世代・職種の人30人に実施。「秘密基地」というテーマで行う。ここでの秘密基地は「秘密」=知らない事のうち知りたい、つまり、知らない空間のうち体験したい空間と捉え、描き手に伝える。

テーマ（=秘密基地）をもとに絵を描いてもらう。制約は一切なく、自由に空想を描いてもらう。また、描くのを発見することである。

絵を模型化（空間モデル化）する。模型化する際には空間開化のルールを創る。ここでの目的は絵が3次元化した時にどんな気づきがあるかは、私的なものと言える。しかし、ませながら「対話」を行うことを目ざす。

30のキャラクターを残しながら全体個人が願いや思いを持って描いた絵それらが集まることで普遍性を帯び、真のコモンズとなるのではないか。

| People | 多層的な人に対しての実施

他者性を取り入れる方法として「絵」に着目した。絵という子どもから大人まで描ける参加可能性の高さは、設計にも応用できるのではないかと考えた。そこで6歳〜70代までの広い世代の方々にテーマを設定することで絵を描いてもらった。そこには、個人個人の願いやアイデアの詰まったキャラクターがある。

| Section | 個性の隣り合わせによる新たな意味付け

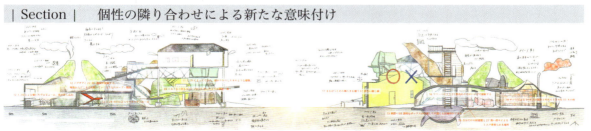

52

他者性を取り入れることで自分自身も想像できない建築をつくれないだろうか。本提案では他者性を取り入れる方法として「絵」に着目した。絵という子どもから大人まで描ける参加可能性の高さは、設計にも応用できるのではないかと考えた。また、カタチとしてアウトプットされる絵には、自分では成せないカタチを生み出すことができるのではないかと感じた。そこで、幅広い世代の方々にテーマを設定し絵を描いてもらい、そこから空間化を試みた。さらに、この2次元と3次元の行き来からの気づきを全体の統合として応用する。そして、2次元から始まった断片を、建築家としての自分の可能性を広げる糧に繋げることを本卒業制作の目的とする。

| Transform | 描かれた30の絵を3次元モデルへ変換する

30人が描いた『キャラクター』のある絵

変換ルールに基づいて生まれた30の空間モデル

| Association | 拮抗させながら開く

DAY1 佳作

NO.080 呼吸するプラットフォーム
—リニアの風から、街への開き方を考える—

[プログラム]公共施設　[構想／制作]3カ月／3週間　[計画敷地]山梨県甲府市大津町
[制作費用]150,000円　[進路]東京都市大学大学院

佐藤 優希
Yuki Sato

東京都市大学
建築都市デザイン学部
建築学科
手塚研究室

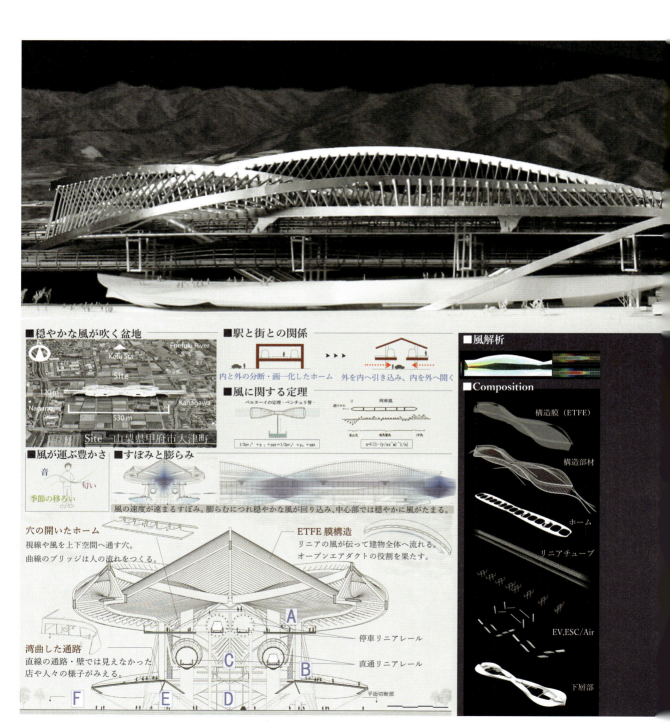

リニア駅は地方活性化が期待される反面、つくって終わりではその地域は衰退してしまう。従来の駅舎は街と分断されているが、建築が街とどう関わり人々に利用されるかが大切であると考え、外部要素を駅内に引き込み街が駅内まで続くような建築を計画した。リニアは大きな風を生み、街には心地よい風が吹く。風は音や匂い、季節の移ろいを運び心を豊かにする。両者の風を引き込み、建築のどこにいても風が吹くような形状を模索した。風を運ぶためのすぼみ・膨らむ形は、シンボリックながらも風景に溶け込み、さらに人間にとっても豊かな空間を与える。人を迎え入れ送り出す駅舎において、心を豊かにする風と空間を身体で体感するリニア駅を提案する。

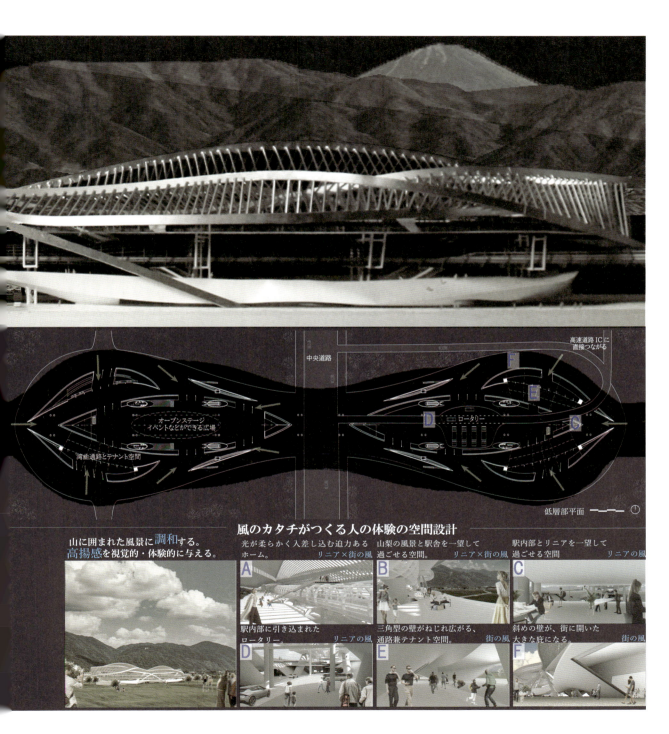

風のカタチがつくる人の体験の空間設計

山に囲まれた風景に調和する。
高揚感を視覚的・体験的に与える。

A 光が柔らかく入差し込む迫力あるホーム。 リニア×街の風
B 山梨の風景と駅舎を一望して過ごせる空間。 リニア×街の風
C 駅内部とリニアを一望して過ごせる空間 リニアの風
D 駅内部に引き込まれたロータリー。 リニアの風
E 三角形の壁がねじれ広がる、通路兼テナント空間。 街の風
F 斜めの壁が、街に開いた大きな庇になる。 街の風

スキマの住みかえ
－隙間を介した機工商的設計－

NO.104 DAY1 佳作 / DAY2 佳作

[プログラム]住工一体のモノづくり群　[構想／制作]5カ月／1カ月
[計画敷地]東京都北区田端新町　[制作費用]50,000円　[進路]日本大学大学院

遠藤 美沙
Misa Endo
日本大学
理工学部
建築学科
地域デザイン研究室
（山中ゼミ）

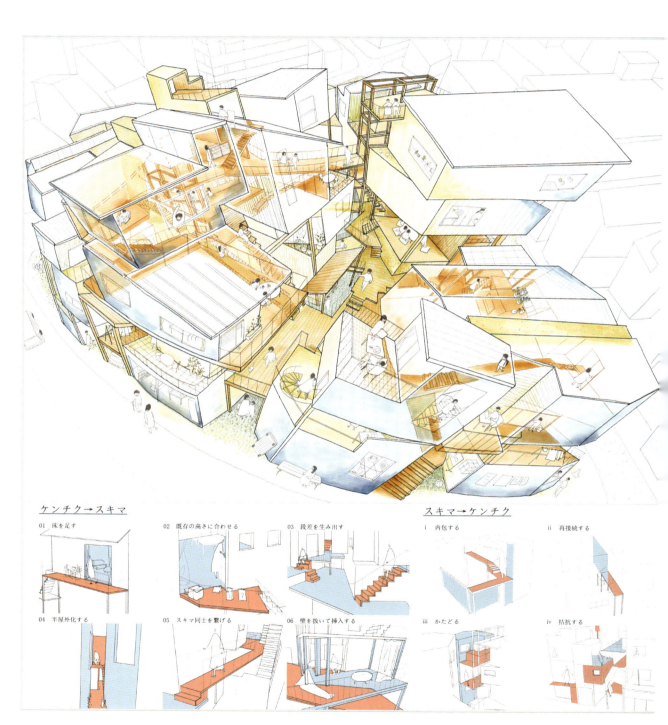

幹線道路の外側から侵食され、らしさが失われていく都市開発に対して、内側に生き残る機工商を起点にモノづくりのまちを回帰させ、住工一体の機工街第2章を提案する。工場に機械や工具を販売・メンテナンスする機工商によってつくられたまち、田端新町。そうした過去の機工商の仲介的な立場を、設計者である私が担うことで、まちづくりに転用させる。既存の建物間の隙間を活用し、その後既存が建て替わる際に、スキマからケンチクを考える。スキマを介する機工商的設計は更地にせず、その場の記憶を持つスキマを介することで、つながりを増幅させ、まちを更新していく。これが田端新町らしいまちの更新のあり方である。

DAY1 佳作

NO. 120 廃船の再構成による海辺の舞台群

[プログラム]商業施設　　[構想／制作]3カ月／3週間　　[計画敷地]東京都品川区お台場
[制作費用]100,000円　　[進路]工学院大学大学院

塩田 結
Yui Shioda

工学院大学
建築学部
建築デザイン学科
樫原研究室

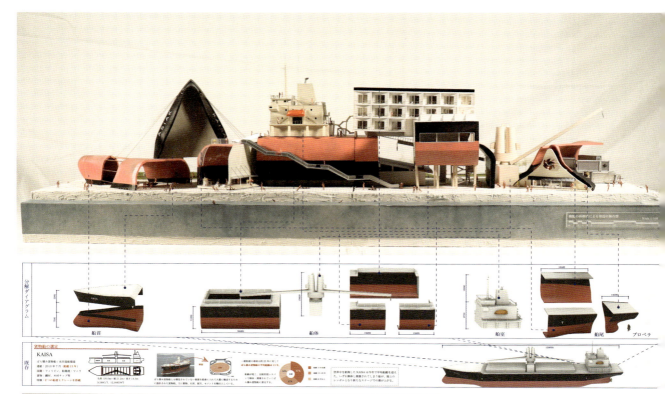

舞台となるのは品川区お台場潮風海浜公園の海辺。周辺には客船ターミナルやコンテナ埠頭があり、東京湾の玄関口となるような場所。ここに集客施設を計画することにより、お台場の商業施設と舞台群を繋ぐ、ショッピングストリートを作るきっかけとなる。またそれらは、街全体におけるモールのような回遊性をもたらす。

舞台群は、日々変容するコンテナ埠頭、防風林の生い茂る潮風公園を背景に舞台装置として照らされる。自らを舞台装置として照らし、劇場風景となった舞台群は、お台場のランドマークとして発展する。

私たちは貨物船のおかげで生きている。貨物船とは私たちの生活に欠かせない資源を運んでおり、人類にとって非常に価値のある巨大な資源の塊である。そんな貨物船は存在を主張することなく、寿命を迎えると鉄クズにまで解体されてしまう。現在では年間で1000隻以上の貨物船が解体・廃棄されており、解体が行われる東南アジアの環境汚染や労働災害が国際的な問題となっている。そこで本提案では、経済的な寿命を迎えた余剰の貨物船の素材や空間を再利用し、海辺の舞台群へ転生させる。巨大な産業廃棄物の再評価により環境への負担を軽減し、東京湾のランドマークへの転用により持続可能な都市開発に貢献する。

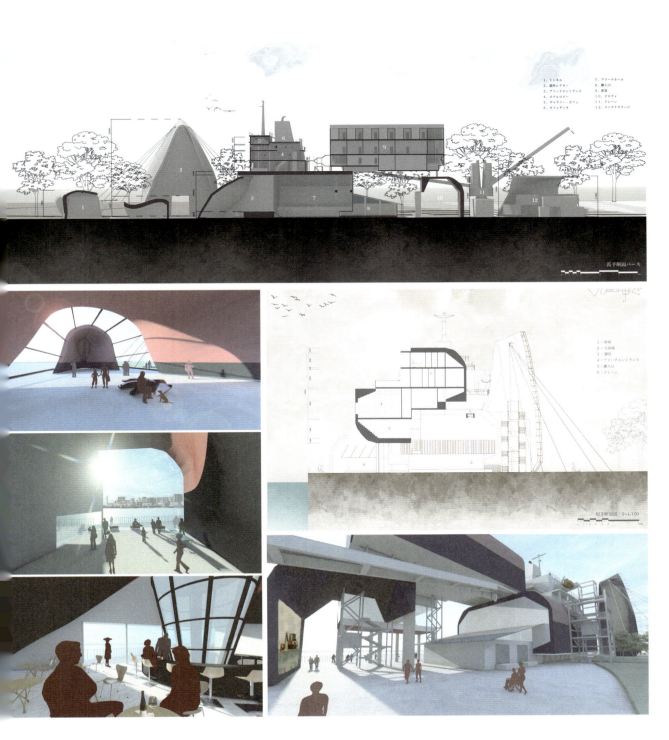

| DAY1 佳作 | DAY2 佳作 |

NO.189 GOCHA-GOCHA TOKYO
－東京の魅力をつめこんだ新しい建築-都市複合体－

[プログラム]複合施設　[構想／制作]5カ月／1カ月　[計画敷地]東京都渋谷区渋谷1丁目
[制作費用]80,000円　[進路]工学院大学大学院

井上 琴乃
Kotono Inoue

工学院大学
建築学部
建築デザイン学科
樫原研究室

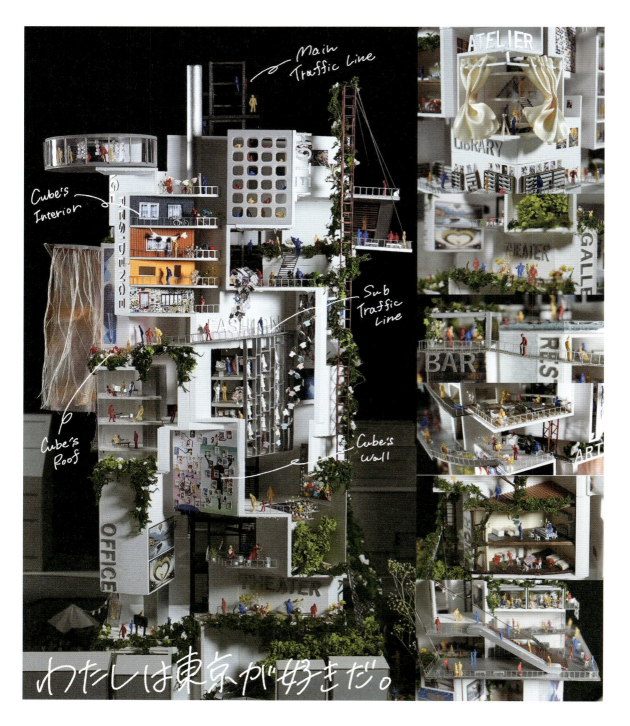

わたしは東京が好きだ。東京の本来の楽しさは、さまざまな境界があいまいになるほどに、人々がそこを"ごちゃごちゃ"させてしまうことだ。しかし近年の再開発によって、まちは「すっきり」とまとめられていき、東京のごちゃごちゃ感が奪われていると感じる。本提案はそんな再開発に対抗した、人々が密度を高めながらごちゃごちゃさせ続ける、新しい建築と都市の複合体である。再開発の進む渋谷において、「ごちゃごちゃ」した再開発がなされている一帯。＜アルゴリズムによって生成された構造体＞に、その空間を＜自由に利用していく人々＞の営みを挿入することで、立体空間とも、立体街路とも呼べる新しい複合体を形成する。

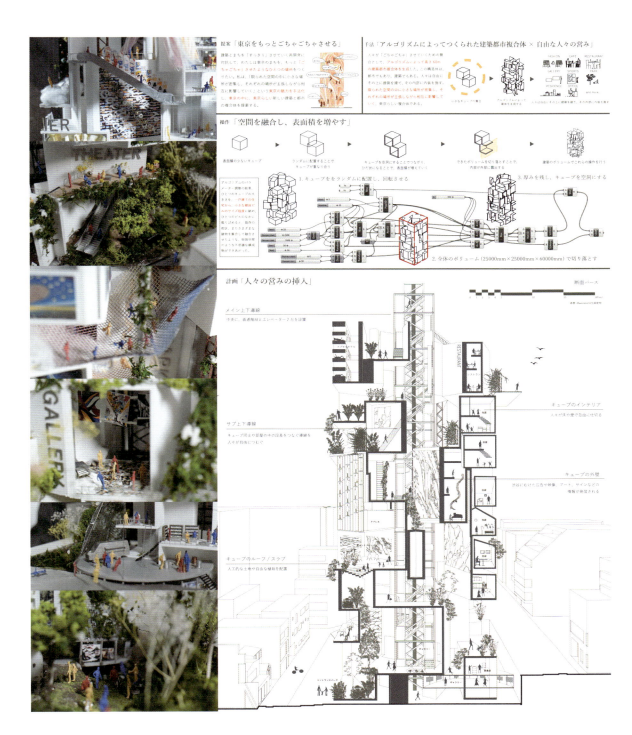

DAY1 佳作

NO.228 ブンジンたちのいるところ
－オクシモロン的空間の導入による多様性を尊重する学校建築の提案－

[プログラム]小学校・中学校・地域コミュニティセンター　[構想／制作]6カ月／1カ月
[計画敷地]茨城県龍ヶ崎市　[制作費用]200,000円　[進路]芝浦工業大学大学院

服部 和
Nodoka Hattori

芝浦工業大学
建築学部
建築学科
原田研究室

ブンジンたちの いるところ

オクシモロン的空間の導入による
多様性を尊重する学校建築の提案

美術室前アートエリアとリンクする3・4年の広場

広場にいる小学2年生とギャラリーにいる中学生の分人が生まれる。

異学年の分人を生む円形ヴォイド

生活科室前の風景。1-3、2-3、1・2年の広場、生活科室のそれぞれの活動がリンクされ、多様な分人が生まれる。

社会の中の価値観が多様化する一方で、"個人"の捉え方は画一化してしまったように感じる。作家:平野啓一郎は対人関係や環境に応じて分化する人格を"分人"とし、その集合体として"個人"を捉え直した。従来学校において大きな割合を占めていた強制力の強い分人を小さくし、弱い分人が入る隙を増やすことで、自己の多様性を育む学校を提案する。また、ふとした風景の中から見出した、異なるものたちが異なったまま共存するためのオクシモロン的空間を考える。

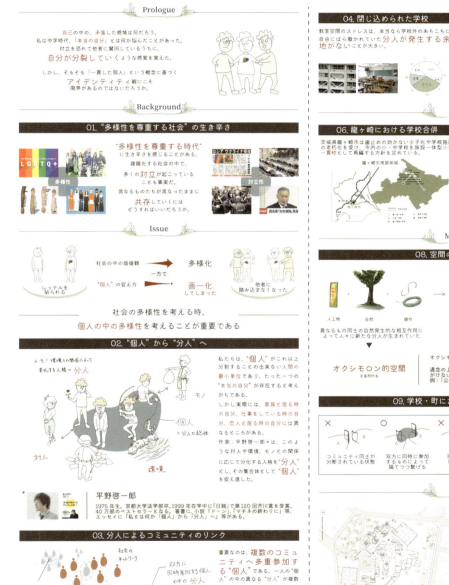

DAY1 佳作

NO.260 共鳴のアーキテクチャ
－環境音と音楽が織りなす環境に開かれた芸術鑑賞の場の提案－

[プログラム] 公共施設 [構想／制作] 3カ月／2週間 [計画敷地] 神奈川県横浜市金沢区野島公園
[制作費用] 30,000円 [進路] 神奈川大学大学院

高橋 昇太郎
Shotaro Takahashi

神奈川大学
工学部
建築学科
六角研究室

幼少期のピアノ経験から、日本人が気軽にクラシック音楽に触れられる場を設計したいと考えた。敷地は横浜市金沢区の野島公園を選定し、自然音と多様なアクティビティが融合する場所にホールを計画した。設計は、ロビー、ホワイエ、ホールを3つの音環境（海、森、空）に分け、環境音の視覚化と音響特性を活かした空間構成とした。掩体壕を通るエントランス、海とつながるホール、自然音が溢れるホワイエなど、各空間はそれぞれ異なる聴取体験を提供する。非日常の芸術鑑賞の場としての役割を果たす一方で、日常では釣りや展望台としての多面的な利用が可能である。日本人の環境音への感性を再考し、新たな音楽体験を提供する場を目指した。

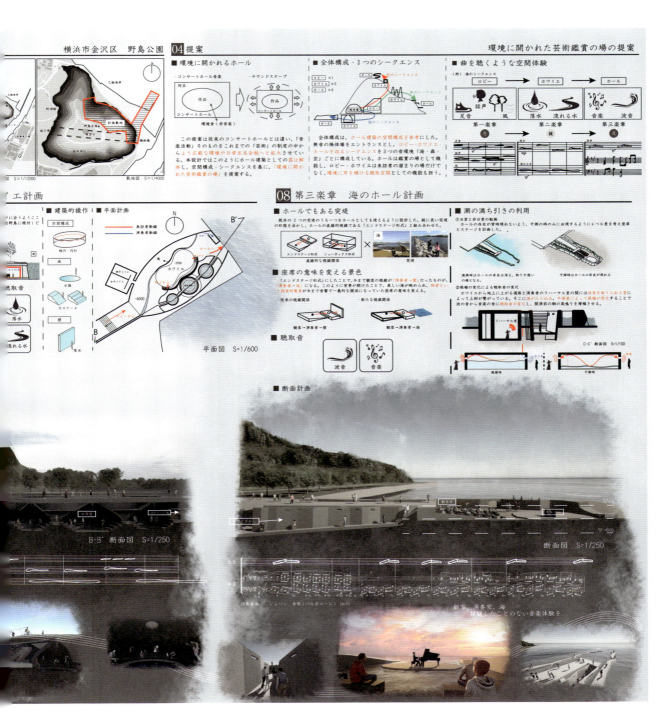

感性の眼と知性の眼
－心象と伏線の立体交錯駅－

NO. 005

[プログラム]駅舎　[構想／制作]1年／2カ月　[計画敷地]東京都新宿区四谷
[制作費用]300,000円　[進路]慶應義塾大学大学院

中西 さくら
Sakura Nakanishi

芝浦工業大学
建築学部
建築学科
原田研究室

感性の眼から知性の眼へと変化する、
「伏線建築」の見え方

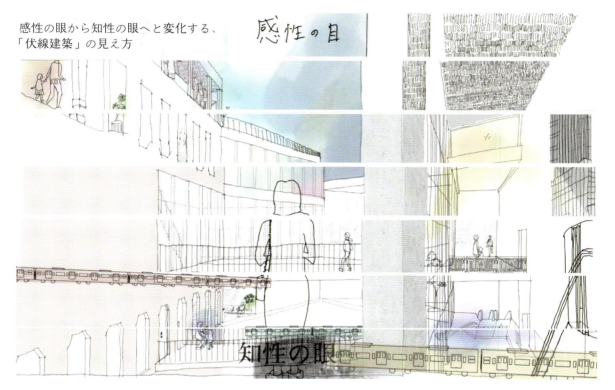

私は建築を2回体験する。1回目は直感的に、2回目は知識を入れて見に行く。2回目は、確かに見えるものが増える。けれど、1回目とは異なる体験だった。

私たち建築学生は、建築知識を得るにつれて視野は広がるのだろうか？

上の二つの図が、二つの眼で、30を超える建築を体験するリサーチだ。その分析により見つけた「伏線建築」を設計対象とし、三段階の観察者目線で設計する方法を考案した。

四ツ谷駅に内在する歴史的・環境的・構造的に複雑なコンテクストを、体験の中で回収することができるよう、様々な難易度の伏線がちりばめた駅へと、再設計した。何度行っても回収しきれない伏線の眠る、行けば行くほど体験が豊かになる駅となった。

感性の眼で見る人々はその人の心象世界を見て、
知性の眼で見る人々は伏線回収する。
コンテクストの縮図としての建築が立ち現れた四ツ谷駅では、二つの体験が交錯する。

今回対象とした「伏線建築」は、感性の眼で見ていた時張られた伏線が、知性の眼で見た時に回収されるように、豊かになる体験が特徴だ。伏線回収が自分の経験だけで起こるよう、普段から何回も経験し、さらに非日常的な動線も体験することで徐々に伏線回収、知性の眼を獲得できるような経験をつくる乗り換え駅としての四ツ谷駅に敷地を設定した。たくさんのコンテクストが眠る一方でそれが利用者には知られていない駅だ。この土地のコンテクストを伏線として、感性の眼でどこか引っかかり、伏線回収することができる瞬間を用意し、伏線回収した後には知性の眼で見るようになる、という三段階による体験をさまざまなスケールにおいて想定して設計した。

「伏線7:JR線が外濠の底を走る」の伏線を回収する、南北線からJR線へと乗り換える人の体験を辿る

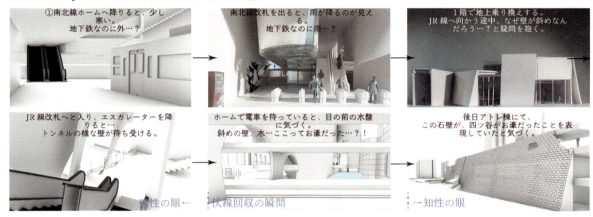

この駅で回収できる「伏線集」

断面図で見る「伏線集」

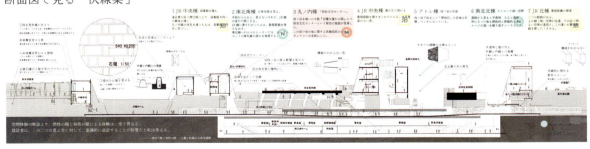

DAY2 佳作

NO.124 モノの住所「我思う、そのたび世界在り。」

[プログラム]住宅　[構想／制作]10カ月／3週間　[計画敷地]吉祥寺周辺
[制作費用]150,000円　[進路]日本大学大学院

妹尾 美希
Miki Senoo

日本大学
理工学部
建築学科
山中研究室

1/12 scale model

micro perspective
小物雑貨、手のひらの中
視点へのスケール

1/50 scale model

① 建築を活用する｜室内視点における建築のモノ化

モノの住所「我思う、

ベンチ化した屋根

玄関アプローチとして内壁材が外に露出する

窓だった開口は住民が塀を超えるきっかけになる

GL+4800 平面図

ある時高台から街を俯瞰してみると、私には高層ビルや生い茂る木々、街を歩く人までもが、なんだか物のように見え、愛しく思えてきた。視点の変化によってあらゆる存在がモノ化していく知覚世界、それは私の環世界。私は、手元を見つめる視点から街を俯瞰する視点までのスケールで建築をモノ化する設計を試みた。あらゆる存在が物のように見える私の知覚世界を共有する建築操作を通じ、都市、街、住宅を物のように愛し、使いこなしていく世界を創造する。本設計を通して、私の手のひらを超え、建築の外側、そして都市規模へと影響していく「物と建築と人」の関係性を私は問い直していきたい。貴方の環世界は、どんなモノに溢れているのだろうか。

「そのたび世界在り。」

DAY2 佳作

NO.126 織りなす町

[プログラム]番屋／道／堤防　[構想／制作]3カ月／1カ月　[計画敷地]静岡県熱海市網代
[制作費用]100,000円　[進路]東京理科大学大学院

大本 萌絵
Moe Omoto

東京理科大学
創域理工学部
建築学科
西田研究室

織りなす町

今、提案しなければならないこと。
それぞれの町には紡がれてきたそれぞれの
「ものがたり」があります。
自然による大きな変化から小さな日々の営みまで、
人々はそこに町への想いや営みを乗せ、
紡ぎ続けています。

この町の「ものがたり」を描く。

▶ この町の行方。

祖父母が住まう静岡県熱海市網代
海と山に囲まれた人口約1200人の小さな町。
海とともに生きる町。
この町の人々は日々、町に営みを織り重ねています。
しかし、
この町の営みは途切れようとしています。

2　町の糸が途切れ始めた　今
過疎高齢化により日に日に減る網代に住まい、営む人。
干物屋さんも店を閉め、訪れる人も減少している。

3　町が途切れうる　いつかの日
いつか来る災害。
海と共に生きる選択したこの町は大半が浸水域となる。

町に4本の糸を織り込む。

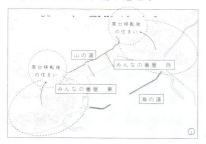

町に新たな骨格を与える

海と並行（ヨコ）のレイヤーを持つこの町に、
町に古くから存在する神社や温泉櫓を起点に
タテの軸を与えることで、
町に新たな骨格を生み出す。

「弱いインフラ」としての建築

町を守るために土木が強靭化する中、
「弱いインフラ」は営みや環境と繋がりながら、
この町を紡いでいく。

ヨコの糸
土木構築物による残り続ける糸を町の両端に織り込む。

「海の道」 5Mの海口堤防
- 津波被害の低減
- 沖だしラインの可視化
- 海上釣り堀の再興

「山の道」 ノンフレーム工法を用いた土留め
- 2地区の避難所までの避難経路
- 2地区から中心部への復興の道
- 土砂災害被害の低減

それぞれの町には紡がれてきたそれぞれの「ものがたり」があります。人々はそこに町への想いや営みを乗せ、紡ぎ続けています。祖父母が住まう網代はその営みが途切れようとしています。大きな時間軸の中で、これまで町に起こったこと、日々の営み、これからの町に起こりうることを同等に描くデザインリサーチとして、この町の「ものがたり」を描いてきました。時間と町のレイヤーが織りなされるように出来事の連関を生む「山の道」「海の道」、2本の「みんなの番屋」はこの町に新たな骨格を築いていきます。一つの強い構造物で町を守ろうとする今、この町の環境と人を信じ、この町の紡ぎ手としての建築を提案します。

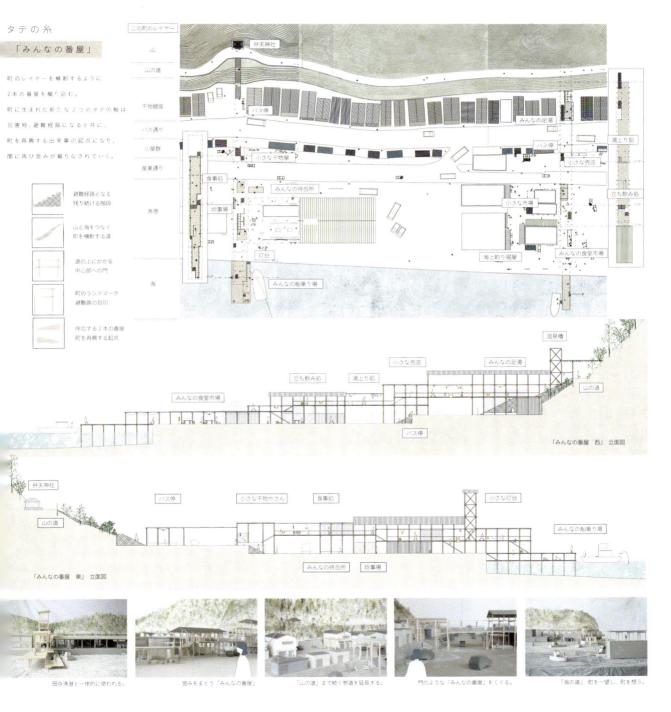

DAY2 佳作

NO.256 向こう十軒両隣
－延焼ネットワークの解体と縫合による生活景の再構築－

[プログラム]複合施設　[構想／制作]3カ月／2週間　[計画敷地]東京都墨田区京島
[制作費用]150,000円　[進路]早稲田大学大学院

大橋 碧
Midori Ohashi

早稲田大学
創造理工学部
建築学科
古谷・藤井研究室

舞台は下町文化が色濃く残る墨田区京島。ここでは世話好きでおせっかいな、いわゆる「向こう三軒両隣」の関係性が築き上げられてきた。しかし大型の建て替えや道路拡幅によって人々の密な接触の機会は確実に失われつつある。これは運命共同体ともいえる延焼ネットワークを解きつつ、生じた隙間を住まい手自ら京島の生活景で再び紡ぐことで、従来の関係性よりもほんの少し裾野を広げたネットワーク「向こう十軒両隣」を計画する。

舞台は下町文化が色濃く残る墨田区京島。ここでは世話好きでおせっかいな、いわゆる「向こう三軒両隣」の関係性が築き上げられてきた。しかし大型の建て替えや道路拡幅によって人々の密な接触の機会は確実に失われつつある。これは運命共同体ともいえる延焼ネットワークを解きつつ、生じた隙間を住まい手自ら京島の生活景で再び紡ぐことで、従来の関係性よりもほんの少し裾野を広げたネットワーク「向こう十軒両隣」を計画するものである。

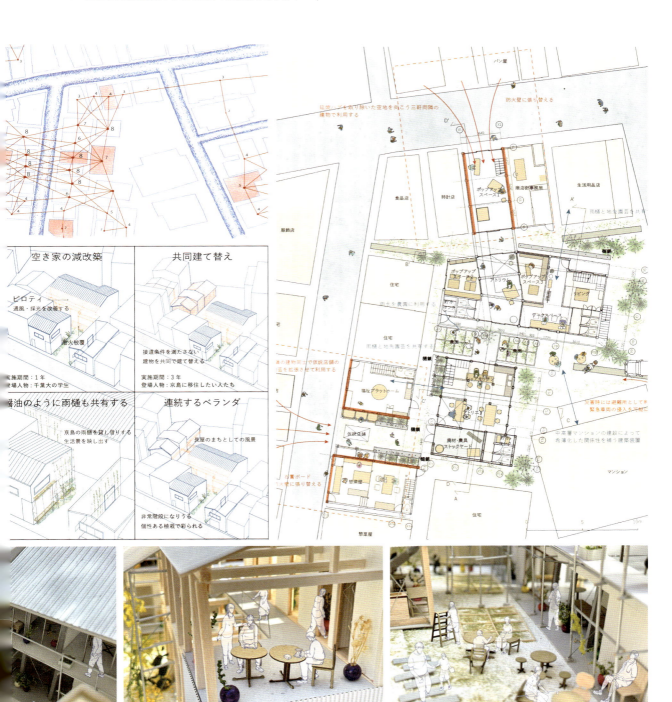

Chapter 2

審査会

0次審査

2024年 2月 16日

場 所：総合資格学院 新宿校

エントリー373作品から本選に進む50作品を選出するのが0次審査。
各クリティークが、教室いっぱいに並べられたプレゼンボード資料を一つずつ吟味し、
推しの20作品と最も推す1作品に票を投じていく。
その結果、僅差で多くの作品が並び協議の末に、
予定の50作品を超える計53作品の本選進出が決定した。

建築をつくる
喜びや楽しさを見たい
榮家 志保

370もの作品を一気に見ることで、ある種の時代性を肌感覚で感じることができました。その中で気になったのは、プレゼンボードが暗くて怖い印象の作品が多かったことです。恐怖心を煽るような作品が多く、純粋にパースが美しいとか、建築がカッコイイとか、光がきれいとか、そういった絵を描いている作品が少なかったです。自分がつくった建築や風景を美しい、楽しい、大切だと本当に思っているのか疑問に感じました。見る人に印象付ける手法に特化しすぎている作品が多かったように思います。建築や風景をつくることの喜びや楽しさ、快感といったものが現れている作品をもっと見たかったです。

審査員がどう見るのかを
想像して欲しい
工藤 浩平

卒業設計らしい作品を選びたいと思い審査に取り掛かったのですが、結果として、ある種の批評性を持っている作品を選びました。そのうえで、建築をバランスよくつくることができているかどうか、図面と模型をしっかりと表現できていそうな作品に票を入れています。プレゼンボードには全てを目一杯詰め込まず、審査ではA3の用紙で出力されるので紙面の構成、使い方をしっかりと考えて、審査員がどう見るのかを想像して内容を組み立てて欲しい。人に見られることを全く意識していないと思えるような作品が多くありました。そういった作品の多くは次に進めず落とされてしまうので、その点を意識して取り組んでください。

建築の幅を広げる提案に
希望を感じた
津川 恵理

何をつくったのか、建築の全体像がわかる作品が意外と少なかったです。それがわかるかわからないかでまずは評価されるので、作品のタイトルや考えていることがおもしろくても、そもそも何をつくったのかがわからなければ評価の対象になりません。井戸の提案のように建築を設計していない作品もあったけれど、そういうアーキテクチャーのあり方も十分有り得るので、積極的に票を入れました。アーキテクチャーを建物の設計に留めず、建築を概念的に捉えて設計するなど、建築の幅を広げていかないとこの業界は今後厳しくなると危惧するところもあります。卒業設計でそういう提案が出てきたことは希望だと感じました。

---- クリティーク ----

建築的な魅力や
着眼点をいかに伝えられるか
西田 司

0次審査では模型がなくプレゼンボードの資料だけなので、建築的な魅力や着眼点をいかに伝えられるかが勝負の分かれ目だと思います。たとえばまちの地図がきれいに描かれていても、建築的な魅力や批評性が見えてこないと、提案に込められた重要な要素が伝わってきません。我々建築家は、それがしっかり見えてくる作品をどうしても推したくなってしまうので、そういうことを軽んじずに表現としてしっかりと出したほうが良いです。それによって、結果として都市がどう変わっていくのか、社会や環境にどう影響を及ぼすのかを作品を見た人が想像できるので、限られた紙面の中できちんと表現してもらいたいです。

問いを立てて、
正面で捉えて取り組む
堀越 優希

卒業設計は問いをどう立てるかが重要であり、どこかから借りてきたような問題提起になっている作品は評価の対象として全く引っ掛かりません。今回、キーワードとして特に目立ったのが「自己」でした。それから路地やケア、水や水辺といったキーワードの作品も多く見られて、そうしたキーワードからフレームを組み立てていく手法を採っている作品が多かったように思います。自己に対して問いを立てたり、自分の身の回りのものに問いを見出したりして、それを都市のレベルや自然のレベルなどに展開させているけれど、それらをしっかりと正面で捉えて取り組んでいるかどうかが、大きく評価が分かれるところでした。

社会へ向けて開く
コミュニケーションに共感
山本 想太郎

モノではなくコトのデザインが、卒業設計でも大きなボリュームを占めるようになってきたと実感しました。コトのデザインをするうえで大事なのはコミュニケーションです。誰が誰に対して自分の考えを伝えようとしているのか。建築の非専門家が非専門家に語るような手法を採る人もいます。一方で建築論を建築家に向けて語るような、専門家から専門家へ語る手法もあります。しかし現在、建築と社会の関係において、これらの手法が十分に機能しているとは言えません。やはり注目すべきは専門家から非専門家へ、社会へ向けて開くコミュニケーションであり、そういう意識でつくられたコトのデザインにはとても共感できました。

DAY1
1次審査
2024年2月24日

1次審査は、クリティークが全作品を巡回し、出展者がプレゼン、質疑応答をするポスターセッション形式。
1作品2分という短い持ち時間で作品の主旨をまとめ、質問に答えなければならない。
緊張感が漂う場内も、クリティークとの対話を繰り返すうちに、出展者たちの熱気が溢れてきた。
続く非公開の選考議論では、各クリティークが10の持ち点を投票。
その結果と議論により、予定の10作品を超える計11作品が2次審査へと駒を進めた。

選考議論 投票結果

[5票]	No.342
[4票]	No.132
[3票]	No.62／No.80
[2票]	No.23／No.41／No.104／No.120／No.161／No.183／No.189／No.228／No.256／No.260／No.356

DAY1
2次審査
2024年 2月 24日

2次審査では、1次審査で選ばれた11作品が公開プレゼンテーションに臨んだ。
持ち時間は1作品につきプレゼン4分と、質疑応答4分の計8分。
出展者たちは模型とプレゼンボード、スライド資料を用いて、作品をより深く伝えていく。
一方のクリティークたちは、1次審査で指摘しきれなかった箇所も鋭く批評し、
学生たちが作品に込めた意図や想いを掘り下げていった。

2次審査選出作品

NO.	出展者	作品名
41	谷 卓思（広島大学）	「天泣で紡ぐ」
62	永田典久（東京都市大学）	「イソリウム」
80	佐藤優希（東京都市大学）	「呼吸するプラットフォーム」
104	遠藤美沙（日本大学）	「スキマの住みかえ」
120	塩田 結（工学院大学）	「廃船の再構成による海辺の舞台群」
132	菅野大輝（工学院大学）	「額縁から見る」
161	橋本菜央（法政大学）	「見えない豊かさを纏う家」
189	井上琴乃（工学院大学）	「GOCHA-GOCHA TOKYO」
228	服部 和（芝浦工業大学）	「ブンジンたちのいるところ」
260	高橋昇太郎（神奈川大学）	「共鳴のアーキテクチャ」
342	髙部達也（慶應義塾大学）	「みんなで Personal Water Network をつくる」

DAY1 最終議論ダイジェスト
2024年 2月 24日

接戦となった午前中の1次審査は10選に絞りきれず、選ばれた11作品が2次審査のプレゼン、質疑応答に挑んだ。その中から、審査員たちが高く評価するのはどの作品か!? いよいよ、最優秀賞を決める最後の議論を迎える。

総合司会

西田 司
Osamu Nishida

ゲストクリティーク

河田 将吾
Shogo Kawata

柴田 淳
Jun Shibata

須崎 文代
Fumiyo Suzaki

津川 恵理
Eri Tsugawa

堀越 優希
Yuki Horikoshi

> プレゼンを聞いた瞬間、とても共感して、イメージが湧いてきた——河田

共感できた真逆の作品

西田 2次審査での11作品のプレゼン、質疑応答を経て、これから各クリティークに2作品ずつ推している作品を選び、票を投じていただきます。この最終議論ではなぜその2作品を推しているのか、どういうところを推しているのか、といったことを順番に聞いていきたいと思います。時間がかなり押してしまったので詳細な議論で作品を深堀りするのは難しいのですが、どの作品に票を入れたのか、なぜその2作品を評価するのかをお話しいただき、それぞれの視点から批評していただきます。そして河田さんから奥に向かって順番に一巡すると最優秀賞の作品が決まると思います。

津川 これで決まってしまうというのは怖いですね。

西田 怖いですよね。順番に一人ずつ話していただくと、最終的にその結果、得票数が一番多かった作品が最優秀賞に決まるということですので、11作品の出展者の皆さん、会場の皆さんも楽しみにしていてください。それでは河田さんから順番に、どの作品を選んだのか、その理由も合わせてお願いします。

河田 まず選んだ作品はNo.62永田君の「イソリウム」です。そして次にNo.228服部さんの「ブンジンたちのいるところ」。僕はこの2作品を選びました。まず一つ目のNo.62「イソリウム」の方ですが、いま僕らが住んでいる場所や建物、僕たちや多くの方々がデザインしている建築というもののベースになっているのは、やはりル・コルビュジエといった建築家たちがつくってきた近代建築だと思います。そういった建築家たちの建築言語を皆、無意識のうちに使っていて、世の中のほとんどの建築がそういったものを用いられて構成されています。ハウスメーカーが建てた住宅であろうと、どのような建物であろうと、ほとんど全ての建築がそこから派生したものでできているこの世界の中で、No.62はそれとは全く関係のない新しい形を生み出しているということにまずとても共感しました。そしてそういう既存の世界とは全く関係のない世界というのは、実は意外と、これから大きく発展していく世界ではないかと僕は考えています。一昨日まで2週間くらいインドのいろいろなまちを回っていたのですが、インドの人たちは現代建築や近代建築といったものから逸脱して、そこから少し離れて形をつくり出そうと努力しています。そういう新しい世界がこれからどんどん広がっていくと思うので、No.62が生み出しているような形が、これからもしかしたら主流になっていくのかもしれないと思いながらプレゼン

を聞いていました。なおかつプログラム的にも、磯でできている水族館をつくるという特異なものです。僕はプレゼンを聞いた時に、その建築の中に入ると壁や天井に磯がびっしりと付いていて、上と下で磯の形が違っていたり、大きさが違っていたりする、そうした貝や磯などの微生物でできているドームというものが想像させられ、その空間をキラキラと上から入ってくる光が照らすというイメージがとても鮮明に頭の中に浮かびました。この作品を見た瞬間、プレゼンを聞いた瞬間、僕はとても共感して、そういったイメージが湧いてきました。そういった理由でこの作品を選びました。

それからNo.228「ブンジンたちのいるところ」は、最初に話を聞いた時は特別なものを感じるところはなくて、よくある作品かなという印象を持ったのですが、プレゼンを聞けば聞くほど最初に受けた印象が薄れていきました。僕はいま、建築をつくる上でとても悩んでいることがあります。僕らは「ボーダーレス」といったテーマで建築をつくっているのですが、「いかにボーダーがなく世界がつながっていけるのか」という問いに対して、「建築でどう答えていけるのだろうか」という疑問をとても強く持っています。もちろんそういうテーマとは全く関係のないものとして建築をつくることはできるけれど、この作品は「学校」というボーダーレスとは一見して真逆なもの、秩序がない世界の中にそういったワードをつくり出して、「学校」という最もボーダーを飛び越えられそうもないようなワードによって、何とかそのテーマをクリアしていこうとしています。おそらく自分がこれまで学校でいろいろ経験してきたことを生かして形にしていると思うのですが、そういうところに僕はとても共感したのでこの作品を選びました。結果的に真逆の作品を2つ選んでしまったのですが、どちらもとても強く共感できた2作品です。

社会に発信できる強さ

西田 ありがとうございます。では柴田さん、お願いします。

柴田 いま、最後に河田さんが「真逆」とおっしゃっていましたが、実は私も2作品をかなり真逆的な視点で選びました。一つ目はNo.41谷君の「天泣で紡ぐ」、もう一つはNo.104遠藤さんの「スキマの住みかえ」です。選んだ理由は何なのか、どういうところが真逆かというと、No.41「天泣で紡ぐ」に関しては、とてもコンセプチュアルなファンタジーのある作品だと思っています。しかし一方のNo.104「スキマの住みかえ」に関しては、もっとプラクティカルで実務的なアプローチによって問いに解答している作品だと思いました。そうしたコンセプチュアルな作品と実務的なプ

現代建築は建てて終わりではなく、時間とともに変わっていくもの ── 柴田

> 人間の身体とか知覚といったものと建築との関係性をより深めていける —— 須崎

ラクティカルな作品という、真逆に位置する2作品を選ばせていただきました。さらに選んだ理由としては、この2作品には真逆である中にも実は共通するところがあって、それはナラティブというか物語性がある点だと思います。建築というものはつくって終わりではなくて、どんどんどんどん変わっていくものです。また他にも、使われ方や未来の完成形が見えない作品であるといった点など、2つ3つは共通項があるように思いました。そういった点で、いまの現代建築というのは単純に建てて終わりというわけではなくて、日々時間とともに変わっていくものではないかというところへの解答の一つの道しるべになる提案かもしれないという思いで、この2作品を選ばせていただきました。

西田 ありがとうございます。では須崎さん、お願いします。

須崎 私は最後の最後までどの作品を選ぶかとても悩んで、No.161橋本さんの「見えない豊かさを纏う家」と、No.342髙部君の「みんなでPersonal Water Networkをつくる」を選びました。No.161「見えない豊かさを纏う家」に関しては、全盲の方を例に取り上げ、社会的な弱者の方々の住まいの問題というテーマに自分の実体験から飛び込んで、とても真摯に取り組んでいて、さらにそれをきちんと建築化しているというところに好感を持ちました。弱者の方々が家を借りることさえできないといった問題を社会に問いかけるという意味でも、とても大事だと思いました。また弱者だけではなくて、人間の身体とか知覚といったものと建築との関係性をより深めていけるような課題に取り組んでいる作品ではないかと思い選びました。

もう一つのNo.342「みんなでPersonal Water Networkをつくる」については、私は常々、生活のあり方について問題意識を持っています。たとえばマルティン・ハイデガーという哲学者がいますが、ハイデガーは「住む」ということ、敷地境界を取り払って「住む」ための場そのものをどう捉えるのかということを問いかけています。あるいはハンス・ホラインが「すべて建築である」という言葉を残していますが、No.342はそういうことにこたえる一つの提案ではないかと思いました。また、他のクリティークがおっしゃっているように、たとえば災害時の危機に瀕した場合を考えてヘテロノミーではなくオートノミーな生活を成立させることに注目して、社会に発信できる強さを持った提案だと思い、最優秀賞にふさわしい作品ではないかと考えました。

批評性と示唆に富んだ提案

西田 ありがとうございます。続いて津川さん、お願いします。

津川 まず2次審査に進んだ11作品の中でも、もう一段レベルが高かった作品が4つあると思いました。それがNo.62「イソリウム」、No.132「額縁から見る」、No.161「見えない豊かさを纏う家」、No.342「みんなでPersonal Water Networkをつくる」の4つでした。さらにその中でも突出していると思い選んだのがNo.161とNo.342です。最優秀賞を決めるうえで議論が発生してしまうので少し割愛しますが、私がこの2つを選んだ理由は、No.161は視覚優位な現代建築に対する批評性があったことです。そしてNo.342は、自律分散型の都市生活が唱えられているいまの時代に、どうしても資本や都市インフラに依存してしまうという生活像から人間を切り離すという批評性があったことです。その2つの批評性が私の中で大きく評価できる点でした。

西田 ありがとうございます。では堀越さん、お願いします。

堀越 私が選んだのは、No.161橋本さんの「見えな

DAY1 最終議論ダイジェスト

い豊かさを纏う家」と、No.342髙部君の「みんなでPersonal Water Networkをつくる」です。No.161の作品は「目に見えない豊かさ…」というタイトルを聞いた時に、とても難しい問いかけだと感じました。とても本質的な問題が含まれている問いかけだけれど、それを卒業設計でテーマとして立てて、しっかり建築化して、空間として表現をまとめられているところが素晴らしいと思いました。No.342「みんなでPersonal Water Networkをつくる」は、目に見えない空間というか、空間という何か形のないものでどういう風に人間が社会に働き掛けていくのかというところに大きなポイントがあると思っています。いまの時代はやはりそこから始めなければならないというような予感がとてもしていて、そのような状況下で大変示唆に富んだ提案だったと思います。

西田 ありがとうございました。これでクリティーク全員から票を投じた2作品とその理由を伺いましたが、なんと、最多の3票を獲得した作品が2つあります。とりあえず最優秀賞はこの2つのどちらかということでよろしいでしょうか？ 大丈夫ですね。そうするとNo.161とNo.342で決選投票ということになってしまいます。ちなみに念のため実行委員に確認しておくと、最優秀賞が2作品になるというのは有りですか？ いちおう聞いておきます。

津川 有りか無しかでいうとどちらでしょう？
実行委員 有りです。
津川 そんなことがあるんですか？ 絶対「無し」だと思っていました(笑)。
実行委員 用意しているトロフィーが1個ずつしかないので、今日渡せるものは1人分しかないのですが、

現代建築や、資本や都市インフラに依存する生活像への批評性があった ── 津川

空間という何か形のないものでどう人間が社会に働き掛けていくのか──堀越

最終審査投票（各審査員が2作品に投票）

NO.	出展者	作品名	河田	柴田	須崎	津川	堀越	得票数
41	谷 卓思（広島大学）	「天泣で紡ぐ」		○				1
62	永田典久（東京都市大学）	「イソリウム」	○					1
80	佐藤優希（東京都市大学）	「呼吸するプラットフォーム」						
104	遠藤美沙（日本大学）	「スキマの住みかえ」		○				1
120	塩田 結（工学院大学）	「廃船の再構成による海辺の舞台群」						
132	菅野大輝（工学院大学）	「額縁から見る」						
161	橋本菜央（法政大学）	「見えない豊かさを纏う家」			○	○	○	3
189	井上琴乃（工学院大学）	「GOCHA-GOCHA TOKYO」						
228	服部 和（芝浦工業大学）	「ブンジンたちのいるところ」	○					1
260	高橋昇太郎（神奈川大学）	「共鳴のアーキテクチャ」						
342	髙部達也（慶應義塾大学）	「みんなで Personal Water Network をつくる」			○	○	○	3

賞として最優秀賞を2作品選んでいただいて構いません。

津川 でも、それは確認しないといけないですね。どちらにも票を入れていない河田さんと柴田さんが、その2作品が揃って最優秀賞でいいのかどうか。我々ほかの3名はその2作品に票を入れていますから。

西田 河田さんと柴田さん、お二人が票を入れていない2作品が最優秀賞を同率で受賞ということですが、いかがでしょうか？

河田 大丈夫です。

柴田 私も問題ありません。

西田 はい、ありがとうございます。時間の都合上、駆け足での最終議論になってしまって申し訳ないのですが、実行委員に確認して、最優秀賞が2作品でも大丈夫だということです。No.161橋本さんの「見えない豊かさを纏う家」と、No.342髙部君の「みんなでPersonal Water Networkをつくる」が最優秀賞です。おめでとうございます！

各クリティーク賞の発表

西田 続いてクリティーク賞を順番に発表してもらいます。2次審査に進んだ11作品以外から選んでいただいても構いません。河田さんからお願いします。

河田 僕はNo.62永田君の「イソリウム」です。理由は先ほど話した通りですね。

西田 では柴田さんお願いします。

柴田 私はNo.41谷君の「天泣で紡ぐ」を選びました。私も理由は先ほど述べた通りですので割愛します。

西田 では須崎さんどうぞ。

須崎 悩んでいるのであとでもいいですか？

西田 では最後にしますね。津川さんどうぞ。

津川 本当はNo.161かNo.342のどちらかにクリティーク賞をあげたいと思っていたのですが、どちらも最優秀賞に選ばれてしまいました。だから私はNo.132菅野君の「額縁から見る」に津川恵理賞をあげたいと思います。もの自体は変わらないけれどその前段階や、相対的につくるものによって、変わらないものの見え方を変えるというアプローチがとてもおもしろいと感じました。また、意外とその辺りにサステナビリティ性があるのではないかと思います。

西田 続いて堀越さんどうぞ。

堀越 11選には選ばれていない作品ですが、No.125早坂君の「水上ビルの終活」を選びました。最後の議論に残らなかったのはとても心残りだったのですが、実際のこのビルのことは僕も知っていて、ここの条件はとてもおもしろく、トータルに環境を発見してそれをどのようにして、まちにどういう影響を及ぼすのか、テーマも含めてとても現代的だし、続きを見てみたいプロジェクトだと思いました。

西田 では戻って最後に須崎さんお願いします。

須崎 No.356成田君の「風車が廻り続ける」に決めました。いわゆる大規模建築や住宅のような形ではなくて、建築の意味を拡張するようなかたちで解答を与えようとしているところがとても良かった。また、その拡張した建築が環境に呼応することで生み出す明るい未来の風景やイメージを見せていただいた気がして、No.356をクリティーク賞に選びました。

西田 ありがとうございます。受賞した皆さん、おめでとうございます。それでは以上をもちまして「卒、24」DAY1を終了します。

DAY1
審査総評
2024年2月24日

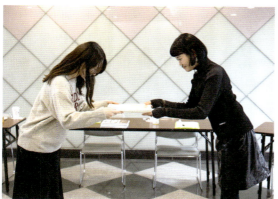

橋本 菜央（法政大学）

このような卒業設計展を開催していただいた実行委員の皆様、ありがとうございます。また、クリティークの皆様もお忙しい中、講評していただきありがとうございました。これを糧にこれからも頑張ります。

髙部 達也（慶應義塾大学）

運営をしていただいた実行委員の皆様、ありがとうございました。クリティークの皆様、素敵な講評とフィードバックをいただきありがとうございました。今後も研究を続けていくので、今日の講評を生かしていきたいと思います。

建築は自分なりのペースで
やることが大事
河田 将吾

物事には人に伝わる速度がそれぞれあって、この瞬間に伝わる速度や、長い時間を掛けて伝わる速度などいろいろあります。僕は大学で考えていたことが、20年くらい経ってようやくスタート地点に立っているところです。大学でもいまと同じことを考えていたけれど、正直、誰にも伝わらず、何の賞も取れなかったし、先生にも落第させられそうになるくらいでした。その人にとっての到達する速度があるので、いま考えていることを20年後に到達できればいいと思えばいいし、いまこの瞬間に到達できた人は賞が取れたと喜べばいい。建築に関しては、自分なりのペースでやることがとても大事で、流行廃りはないので、自分が思うことを最後までやり通してください。僕は大学の時にピーター・ズントーがとても好きだったのですが、先日、インドでの講演会に呼ばれて、一緒に登壇したのがなんとズントーでした。そういう良いこともあるので、皆さん頑張ってください。

卒業設計にかけた
想いを止めず、続けて欲しい
柴田 淳

会場に展示されている作品全てが素晴らしかったと思います。最後の講評でもクリティークによって意見が分かれ、票が割れていたように、見ていてわかると思いますが、建築はおそらく10人が10人、全員が好きなものというのはないと思うので、その点は皆さん自信を持って欲しいと思います。皆さん一人ひとりに個性があって、素晴らしいところがあり、単純に見る人の角度によってよく見えたり悪く見えたり、評価されたりされなかったりというのがあるので、ぜひ自信を持ってください。私が学生の頃に、アーキグラムの創設者であるピーター・クックが学校に講演に来て、彼が言ったのは「オブセッションが一番大切だ」ということでした。オブセッションとは何か好きなことに没頭してやり続けることで、それが成功の鍵なのでやり続けろと言っていました。皆さんもこの卒業設計にかけた想いをここで止めず、ぜひ続けていって欲しいと思います。

皆さんの力のこもった作品から、
想いが伝わってきた
須崎 文代

審査では400近い作品から、各クリティークが20作品ずつ選びましたが、本当にレベルが高い作品ばかりでした。そして最終的には10作品から最優秀賞を選ぶということで、他のクリティークの方々と同じように選ぶのが本当に大変でしたが、皆さんの力のこもった作品たちから、1年なり2年なりをかけてきた想いが伝わってくる、とても良い審査会だったと思います。今回の審査では社会問題に対する解答や、あるいは建築の成り立ち方を分解して再構築するといったスタンスの作品が多かったと思います。また、人間が抱える内面の問題や病などに、建築としてどう解答するかといった作品も見られました。一方で、農的な問題に対する解答や、自然との関係性に取り組んだ作品は比較的少なく、その中で、No.356の風車が世界に増えていくと魅力的だと思いクリティーク賞に選びました。皆さんの今後の活躍に期待しています。

建築の設計は
自分との距離の取り方も大切
津川 恵理

今年の「卒、」は、とてもレベルが高かったのではないかと個人的には思っています。1次審査が終わった時点で15～16個ほどの作品を選んでいたのですが、その中から10作品に絞り込むのはとても大変でした。控え室で2次審査に進む作品を決める際も、選ばれた11作品以外でとても議論が盛り上がった作品も実はありました。そこで選ばれた作品と選ばれなかった作品の違いはいろいろな要因があって難しいのですが、忘れないで欲しいのは、建築の設計というのは没頭しなければいけない瞬間はもちろん必要だけれど、一方で自分との距離の取り方も大切だということです。いかに俯瞰に飛ばせるかという力がとても大事で、自己の集中とそれを思い切り俯瞰する力の、その間の行き来が上手い人はやはり総合的にまとまった提案になっていたのではないかと思います。それでも、全体としてどの作品もとてもレベルが高くて驚きました。

自分の物語を持ち続けて
建築に取り組んで欲しい
堀越 優希

クリティーク賞に選んだNo.125の作品は、実際のビルの条件もとても面白く、トータルに環境を発見してそれをどうしていくのか、まちにどういう影響を及ぼすのか、テーマも含めてとても現代的で続きを見てみたいプロジェクトだと思いました。全体の印象としては、今年は作品のバリエーションがとても豊かだったような気がします。ある程度いくつかの傾向は見られるものの、バリエーションが豊かだったというのは、個人の物語というか、それぞれ自分自身の本質的な問いかけを出発点にしている人がかなり多かったのではないかという印象でした。やはり、自分が信じられる物語のようなものをしっかりと持っていないと、最後まで人に伝えることはなかなかできないし、共感を得ることは難しいと思います。最後の11選に残った作品はそれができているものが多かったので、これからも自分の物語をぜひ持ち続けて、建築に取り組んで欲しいと思います。

DAY2
1次審査
2024年2月25日

クリティークが全ての作品を巡回する1次審査。DAY2では前日の経験を踏まえて、出展者たちのプレゼンも時間内にしっかりと要点がまとめられ、ブラッシュアップする様子がうかがえた。続く非公開の選考議論では、各クリティークが10点の持ち点を投票した結果、DAY1と同様に接戦。その中でも6点、5点という高得点を獲得した作品もあり、議論の末に、前日と同じく10選に絞り切れず、計11作品が2次審査進出を決めた。

選考議論 投票結果

[6票]	No.169
[5票]	No.126
[4票]	No.54／No.342
[3票]	No.104／No.256
[2票]	No.5／No.62／No.79／No.86／No.123／No.124／No.189

DAY2
2次審査
2024年2月25日

DAY1とはクリティークが異なり、選ばれた作品の顔ぶれもガラッと大きく変わったDAY2の2次審査。
1次審査を通過した11作品が公開プレゼンテーションに挑んだ。
クリティークが違えば評価の視点も変わり、質疑応答ではさまざまな批評が加えられ、
作品に込められた真意が明らかとなっていく。
対峙する学生たちは模型やスライド資料を駆使して、懸命に自身の作品を伝えていった。

2次審査選出作品

NO.	出展者	作品名
5	中西さくら（芝浦工業大学）	「感性の眼と知性の眼」
54	若原ななこ（関西学院大学）	「エッフェル塔のオートクチュールコレクション」
86	竹原佑輔（法政大学）	「共編の詩」
104	遠藤美沙（日本大学）	「スキマの住みかえ」
123	工藤朱理（日本大学）	「祈り、生きる建築」
124	妹尾美希（日本大学）	「モノの住所『我思う、そのたび世界在り。』」
126	大本萌絵（東京理科大学）	「織りなす町」
169	松山こと子（芝浦工業大学）	「重度障碍児の旅」
189	井上琴乃（工学院大学）	「GOCHA-GOCHA TOKYO」
256	大橋 碧（早稲田大学）	「向こう十軒両隣」
342	髙部達也（慶應義塾大学）	「みんなで Personal Water Network をつくる」

DAY2 最終議論ダイジェスト
2024年2月25日

DAY1と同様に11作品が選出された2次審査でのプレゼンと質疑応答を終え、
最終議論に先立ち、各クリティークが2作品を選んで票を投じた。
その結果、複数票を獲得した3作品が最優秀賞のコンテンダーとなった。

総合司会

西田 司
Osamu Nishida

ゲストクリティーク

榮家 志保
Shiho Eika

香月 歩
Ayumi Katsuki

工藤 浩平
Kohei Kudo

棗田 久美子
Kumiko Natsumeda

山本 想太郎
Sotaro Yamamoto

最終審査投票（各審査員が2作品に投票）

NO.	出展者	作品名	榮家	香月	工藤	棗田	山本	得票数
5	中西さくら（芝浦工業大学）	「感性の眼と知性の眼」						
54	若原ななこ（関西学院大学）	「エッフェル塔のオートクチュールコレクション」			○		○	2
86	竹原佑輔（法政大学）	「共編の詩」						
104	遠藤美沙（日本大学）	「スキマの住みかえ」						
123	工藤朱理（日本大学）	「祈り、生きる建築」						
124	妹尾美希（日本大学）	「モノの住所『我思う、そのたび世界在り。』」				○		1
126	大本萌絵（東京理科大学）	「織りなす町」		○			○	2
169	松山こと子（芝浦工業大学）	「重度障碍児の旅」	○	○		○	○	4
189	井上琴乃（工学院大学）	「GOCHA-GOCHA TOKYO」						
256	大橋 碧（早稲田大学）	「向こう十軒両隣」						
342	髙部達也（慶應義塾大学）	「みんなで Personal Water Network をつくる」	○					1

建築にもう一度還元していく作業があればより説得力を持った――香月

可能性の部分がおもしろい

西田 ここから議論をして、再度投票によって最優秀賞を決めるという形にしたいと思います。複数票が入っている作品が3作品で、No.169が4票獲得していまして、No.54とNo.126が2票ずつ獲得しています。1票を獲得しているのがNo.124とNo.342ですが、最優秀賞は1作品しか選べないので、2票以上を獲得している3作品を最終候補として議論するということでよろしいでしょうか。クリティーク賞に選ぶこともできますので、最優秀賞の議論は3作品に絞りたいと思います。ここから1作品ずつ触れていって、最後に1人1票で投票して決めます。まず、No.54若原さんの「エッフェル塔のオートクチュールコレクション」は工藤さんと山本さんが票を入れています。票を入れていない他のクリティークの方でも、聞きたいことやコメントがあればお願いします。はい、では香月さんどうぞ。

香月 エッフェル塔の足元の中に入った時の空間体験がおもしろそうなのですが、この作品ではファッション的な表現に留まっている感じがします。つまり模型を見ると、エッフェル塔の元々の構築物と、若原さんがつくったスカートのようなものとの間に魅力的な空間ができていそうなんだけど、それがプレゼンテーションには示されていない。ファッション的な操作をした後に一歩引いて新しい空間を発見するような、建築にもう一度還元していく作業があればより説得力を持ったと思うのです。そのような作業はどれくらいできたのでしょうか？

若原 時間の都合でプレゼンでは紹介できなかったのですが、ドローイングの中にいくつかあります。建築というのは小さいところから大きいところまでスケールを横断できるものだと思っています。

そういう意味ではドローイングで描いたように、張り巡らされた糸をエッフェル塔の下から見た時に、エッフェル塔に元々ある鉄のレースのようになっているところが人に見えている、そういう人間レベルのスケールであったり、広場に糸が張り巡らされた時に寝転んだり、遊んだりといった行為が生まれるのではないかと考えています。可変するランドスケープのようなものが、ドローイングの中で空間体験として触れられるし、新しい空間が生まれると考えました。

西田 他の先生方はいかがですか？では、榮家さん。

榮家 少し意地悪な聞き方かもしれませんが、少し気になっていたのが、ドローイングがたくさんあるというのが、建築化する手前のアイデア出しに見えてしまうことです。そのたくさんあるアイデアを、その状態のままでプレゼンしているからとても魅力的に感じてしまうのだけれど、実際にその中から「これだ」と一つ選んで設計を進めなければいけない時に、どのようにその判断をして進めて行くのでしょうか？

若原 建築はただ一つに定めるものですが、一方でファッションというのはパリコレのように、コレクション的な方法でテーマを伝えられるのがとてもいいと思っています。かつ、私がファッション的な特徴を持つ建材ではなく、糸を選んだことで可変できることがこの提案の良さです。一つに定めるのではなくて、たとえば7月のパリ祭だったらトリコロールカラーができて、月日が経って、2024年のパリオリンピックであれば、別のレースに糸が纏わりついたものができます。そういった時間によってバリエーションが生まれるということが今の建築では全くないので、ファッション的な手法を取り入れることで、建築でそれができるのが良さだと思っています。一つに定めずに、バリエーションが生まれることの良さを建築に持っていきたいと考えました。

山本 一つに決めなければいけないというのが、既存の建築の固定概念だと捉えているのですね。

香月 巻き方のバリエーションは実はいくつかのパターンに分けられるように見えるので、その辺の手法をもう少し整理しても良かったのではないかと思います。私の故郷にある福岡タワーでも、ファサードの電飾が季節によって金魚が出てきたり、クリスマスツリーになったりしますが、それと同じではないはずです。パターンをもう少し言語化できればより建築的な発見があったのではないでしょうか。

山本 そういう型ができてくるとよりおもしろいかもしれませんね。より洋服的なイメージが出てきます。

榮家 立面など全体が見えている状態の話が多いけれど、実際は訪れる人と遠くから見る人の両方の体験を一変させるはずです。こういうスカートのようなものを付けるのであれば地面をどうするのか、どういう植栽を入れるべきなのかといったように、その周りも変えていくという風に展開できます。だからこそ一つ突き詰めたものを選んで欲しかった。

工藤 僕は推している側ですが、素材は糸だと一つに決めているけれど、それが良くないと思います。遠くから見た時の糸のスケールと、下にいる時の糸のスケールは絶対に違うんですよ。だから遠くから見た時のエッフェル塔の糸のスケールというのはもう少し大きいはずですし、近くに行った時に足元に降りてくる、糸が触れる瞬間はやはり設計しなければいけないのですが、できていないように見えます。それが一つになる瞬間に一つのディテールが生まれてきます。そのスケールによってあなたが設計するものが出てく

るので、まだ設計の手前の段階のように感じてしまう。だからいま2人からいろいろ突っ込まれているのだと思います。テクスチャーだけでディテールがなくて、最初に糸だと言ってしまっているので、「一つに定めない」と言っていることとのバランスが悪くなっていて、そこはもう少し考えたほうがいいです。だから票は入れたけれど、最優秀賞に推すのは少し難しいと思っています。

山本 僕は断然肯定的に考えています。これは糸でできるわけがなくて、ワイヤーみたいなものでやるか、テフロン系の強力なロープなどでやるしかないんですよね。でも、それはそれほど問題視しなくてもいいという気がしています。おそらくエッフェル塔が建ったばかりの時に、この鉄骨の素材の違和感のようなものをパリの人は感じたと思います。これは当初、「空気のような建築」とも言われていたと思いますが、いま我々は鉄骨に慣れてしまったのでそのようには感じません。その元々持っていたエッフェル塔の違和感に対して、新しく纏うものによってある種のゲシュタルト崩壊ではないけれど、「エッフェル塔ってこんなだったっけ?」という差異を生み出すような強度を持った材料に、いずれにしてもなるでしょう。その可能性の部分が僕はとてもおもしろいと感じます。

工藤 これを設置する期間をどれくらいに設定しているのかが、材料の選定や全体像を決めるのにとても大事だと思います。どこから見るのかと設置する期間が重要で、おそらく1日、2日であれば糸でもいいかもしれません。それをどこまで設定するかがあれば、もう少しリアリティが増したのではないかという気がします。

若原 ドローイングのバリエーションによって、これはパリ祭の2日間だけとか、これはオリンピック期間中だとか、それぞれに期間は考えています。

> 差異を生み出すような材料になる、その可能性の部分がおもしろい ――山本

工藤 期間を考えた先に、それであればどういう材料でどうなるのかを考えないといけない。それはただの企画であって、設計をしないといけません。

裏田 施工方法についても気になりました。それから、エッフェル塔はいろいろな距離感から見られるので、シンボル的に遠くから見る状態と足元から見る状態、登った時に近くに行って見る状態など、それぞれの違いが聞きたかったです。「遠くから見るとこうだけど近づくと実はこうなっている」といった説明があると、もっと説得力があったと思います。

西田 よろしいでしょうか。いろいろ言われていますが、ここに選ばれている時点で素晴らしい作品であることは確かですからね。ありがとうございました。

ストーリーが納得できた

西田 では続いてNo.126大本さんの「織りなす町」です。これには香月さんと工藤さんが票を入れていますが、他の先生方も含めて、ここを聞いておきたいとか、ここはどうなのかなど、いかがでしょうか?

榮家 票を入れようかとても迷ったんですよね。模型もパースも透明感があって瑞々しいというか、少し儚い表現が設計と合っていて、情が動かされるようなところがありながらも、一方で「騙されないぞ」とも思ってしまいました。というのは、木造の軸組でとても美しいのだけれども、本当にこの状態でできるのだろうかというところを少し疑ってしまったのです。どこが内部でどこが外部なんだろうとか、この繊細さで壁がなく本当に成立するのだろうかとか、その辺がプログラムと対応しているのかどうかも気になりました。

大本 この模型で見ると内部空間はほとんどつ

DAY2　最終議論ダイジェスト

くっていません。その理由としては、境界をつくっているような感覚になってしまうというのを、自分もつくりながら少し感じる部分があり、2本を入れてしまった時にそれを感じていたので縦にしたいという想いがありました。それから調査に行った際に、まちの人たちが道端など外部空間に集まっている様子が見られたので、このまちであれば破屋のような空間が適しているのではないかと考えました。

[山本]　すごく軽やかで弱いインフラがあって、そういうものが持っている魅力を描いてくれています。だからこそ防災という観点で見た時に、「とても強いインフラによって守る」という一つの都市計画的な考え方がある中で、この弱いインフラを住民たちがどう受け止めて、自分たちにとってのシンボルとしてどう考えるのか。災害をリアルに肌身で感じた時に、「災害があっても必ず残ってくれるシンボルを持っている」という価値はとても大きいと思うんですよ。そもそも人間が建築をつくる理由は、自分の身を守ってくれるという信頼があるからだと思います。弱さ、軽やかさと防災という組み合わせが魅力であると同時に弱点でもあることが痛し痒しなところであり、少し評価しきれなかったところがあります。

[大本]　1月1日の能登の地震を受けて、とても悩んだ部分ではありました。このまちで3.11後に堤防をつくるという協議が行われたのですが、住民の皆さんの「海とともに生きたい」という思いがあり、漁港がある中心の部分だけ堤防がつくられていない状態がずっと続いています。その中で、やはり営みを紡いでいくためには何かしらいま私が提案しなければならないことがあって、土木というものが住民にそもそも受け入れられるなら、まちを守りつつもあるべき土木の姿とは何かと考えた時に、思いついたのが強い土木ではなかったというのがあります。ただ、この縦の軸があることで、堤防というものも受け入れられていくのではないかと思います。

[香月]　接続している避難路は、その後に高台移転するところにつながっているんですよね？　この櫓自体は津波が来れば流されてしまう弱いものだけれど、その後に移っていく強固な高台というインフラに対して、散歩道という日常を通して慣れ親しんでいくというお話がとてもいいと思います。強いインフラを弱いインフラによって意識としてつなげていくというストーリーが詩的でありながら説得力があると思いました。

> 木造の軸組でとても美しいけれど、本当にこの状態でできるのか——榮家

[榮田]　私もとても迷っていて、すごくいい提案だと思っています。道のような建物のような場所が避難経路としてだけでなく、道を隔てて手前と奥をつなぐ役割などもあるように思いました。その辺はどうでしょう？

[大本]　おっしゃる通りで、やはり奥に行くと、現状だと中心部には漁業関係者しか行かないような場所になってしまっていて、2地区のつながりがかなり薄まってしまっているような状況なのですが、そこでの営みがとても温かくて素晴らしいものだと感じてい

海への距離と関係性を取り戻したいと思える一手を投じている——工藤

ます。そういうものを紡いでいくためにはそこに住んでいる人はもちろん、訪れる人も中に入っていって、どんどん一緒に営んでいくような感覚になれればいいなという思いでつくった提案です。国道が通っていて、それぞれ車線ごとにバス停を設けていて、熱海からバスに乗って来た人たちが少し降りてみたい、寄ってみたいという感覚になれるような場所をつくっています。

工藤 僕が感じたのは、これは大きい堤防をつくる代わりに何をしたらいいのかという提案で、おそらく津波で流されても元通りに復元しなくてもいいんですよ。海への距離と関係性をまた取り戻したいと思える一手を投じているから、それだけでこのプロジェクトは成功していると思っています。この場所だけではなくて両方のまちから見た時に、おそらく軒がこう出るんですよね。そういう意味では、両方からランドスケープとしてシンボリックに見えてくるのはとてもいいと思います。ゲートとしての役割もあって、その意味ではとても弱くもあり、少し長い時間で強くもあって、それはまた同じようにつくらなくてもいいというおおらかさとまちのつながりのようなものを、あのポジションとスタンス

がとても明確にしていて、とてもいいと思います。

東田 津波が来る前に避難しなければいけないから、地震には耐えなければいけませんよね。その辺りの構造的な工夫は何かしていますか？

大本 地震には耐えなければいけないと思うのですが、そこまではつくりきれていない部分もあります。木軸でつくっているので耐震補強が必要な場合は筋交いを入れたり、そこにまた補強材を入れたりということは可能だと思うので、そういうもので対処していきたいです。

そこに建つ必然性

西田 はい、ありがとうございました。続いてNo.169松山さんの「重度障碍児の旅」です。

工藤 これは僕だけ票を入れていませんね。No.126かNo.169で迷ったのですが、No.169は対象とする範囲がNo.126より狭いのと、香月さんが言っていた「必要性」というところでいくと少し過剰な感じがします。空間はもちろん美しいし、形状もいいけれど、何か取りこぼしている気がしていて、そういう意味でNo.126に票を入れました。No.169は場所の環境についてはよくわかるのだけれど、本当にそこ

に建つべきものなのかという必然性がまだ少し弱いと思っています。もう少し補足説明をしてもらいたいです。

松山 地理的背景と歴史的背景を説明します。まず地理的な背景として、ここは深川という地区で、江戸時代の後期から商業地としての歴史がずっと続きました。しかし現在、そこにある店舗向住宅というのは48戸あるうちの半分が空き家化し、商業的な文脈がどんどん失われています。また、キャッシュレス決済など早くて新しい商業のコミュニケーションに変わっていく中で、私が就労支援の調査に行った時には、おつりを数えるのもすごく時間がかかるようなコミュニケーションで、それらは違う形だけれど実は本当は同じという、そういうコミュニケーションの仕方が商業としてつながっていって欲しいと考えました。庭園の歴史としては、関東大震災の時に、目隠し用の広葉樹が防火林の役目を果たして2万人の命を救ったという背景があります。また、六義園は岩崎家の所有で、格式高いものとして保存されているのですが、その東半分は公共のものとして寄付されています。岩崎家の人も亡くなってしまい、植物自体も話さないので、その声のない者たちの声を拾えるのは建築だと思い、いろいろな庭園を見たのですがとても受容力があったのでここしかないと思って決めました。

工藤 この壁はいいと思うのだけれど、そうであればあのようなガラス張りの建築はつくらずに、商業のほうをリノベーションして就労支援できるような形にすればいいと思います。ランドスケープとしてはあってもいいのかもしれないけれど、庭園との関係がよくわからないし、はたして庭園をつぶしてしまうのはどうなのだろうか。

松山 庭園をつぶしてはいません。

工藤 つぶしているというか、建築をつくっていますよね。

松山 元々、広葉樹で隠れてしまっているところの裏に行き止まりがあったのですが、そこに広場があって、その行き止まりをつなげるように裏をつなげて拡張しているという形です。この清澄庭園で一番大事なのは8mの富士の築山なので、そういった景観を壊さずに、行き止まりという小さなきっかけのようなところから体験が始まるところが私の中では重要です。

最終投票で最優秀賞決定！

西田 推している方々はいかがですか？ では、榮家さんどうぞ。

榮家 設定したプログラムや、そこに滞在する人に対して何か新しい建築の形式を発見して、それをつくりきっているところがとてもいいと思っています。かつ、単純に私もその空間に行って寝転んでみたいとか、そこで自分ではない誰かになってみたいという、そういう想像を掻き立てる空間ができているので票を入れようと思いました。設計が上手い下手という話というよりは、そういうものを飛び越えて、これはきっと人に伝わる、体験すべきだと感じる空間をつ

> 空間の成り立ちというかつくられ方がきちんと設計されている —— 棗田

くっていて、それができていること自体を評価したいです。

香月 私はNo.126とNo.169に票を入れたのですが、No.169ははっきりした形をつくるという意味で強い建築ですよね。卒業設計でこういう強い形があまり見られなくなっていると個人的に感じていたので、強い建築の力を信じている感じがしていいなと思いました。榮家さんの感想と近いのですが、一つの形式でできているにも関わらず、なんとなく子どもも大人も、障害のある人も皆が受け入れられるような空間が生まれているのが素晴らしい。確かに工藤さんのおっしゃるような都市的なコンテクストと清澄庭園という自然豊かなところの境界につくっているので、清澄庭園の全体が入るような大きい縮尺の模型もあって良かったように思います。いま接している店舗群も歴史的な建物なので、それらともどういう関係で建っているのか、小さい模型でもいいから全体像を表現してくれるとより納得できたかもしれません。

工藤 気持ちいいところだけしかプレゼンしていないんですよ。だから、表の古い商店の模型が結構雑なんです。こちら側の方だけしか設計していなくて、接続部分とか公園側から見るその家の裏側とかが設計しきれていません。空間はいいし、強い建築はもちろん好きで自分でもつくるのでわかるのだけれど、中途半端に配慮しているような感じがして、屋根の高さの決め方など全然優しくないと思ってしまいます。強くて優しくあって欲しいんですよ。だけどそれが強いままで進めてしまっているのが僕は嫌です。強いのだけれど、周りを受け止めている感じが少し見えているというか、既存建物を触った瞬間に、反対側やまちとの関係、通りからの見えなど、それらを複合的に含んでしまっていて、そうするといろいろと設計が難しくなってきて、そこら辺の境界線がかなり気になってしまいます。そういう意味では、設定の問題として着地しきれていないように感じて評価できませんでした。

榮家 確かに商店側からどう見えるか、どう接続しているかはパースなどでは描いていたと思うけど、模型表現ではちょうど断面模型にした時に見えない側にしてしまっていたので、伝わってこないかもしれません。

山本 確かに結構強い建築だと思うのですが、榮家さんや香月さんが何となく気持ちよさを感じるというのは、やはり場所設定が絶妙だからだと思います。プレゼンにもあったと思いますが、清澄庭園は都内でも有数の名園と言われていて、都市の中にある異世界なんですよね。そこに行くとアミューズメントで、行って楽しかったという体験になるのだと思いますし、表の店舗に行くのは街中での普段の日常生活の体験だと思うのですが、あの建物を間に入れたことによって、そのどちらでもない場所ができています。都市のシステムでもないし異世界でもないような場所ができていて、彼女がつくりたかったのはまさにそういうところなのではないかな。そこでは居心地の悪さと良さを同時に感じるというか、自分がどこにいるのかよくわからないような少し落ち着かない感じがして、我々は普段どこにいるのだろうかということを考えさせられてしまう。そういうシステムとシステム外のマージナルなスペースが上手い場所で生み出されていると思います。

棗田 空間の成り立ちというかつくられ方がきちんと設計されているので、私はそこを評価しました。確かになぜ町家の形をそのまま引き込んだのかなど、少し気になるところはあるのですが、香月さんがおっしゃるように強い建築を、設計を投げ出さずにきちんとやっている感じがとても伝わってきて、気持ちよさそうな場所もできていると思いました。私も少し迷ったところがあったのですが、No.126は空間がどのようにつくられているのかが少しわかりにくかったので、本当に僅差だったのですがNo.169を選びました。

西田 ではNo.169松山さん、ありがとうございました。ここで各クリティークにいまの3作品から1人1票で投票していただいて、最優秀賞を決めたいと思います。それでは集まった票を順番に読み上げていきます。

　　榮家さん…… No.169
　　香月さん…… No.169
　　工藤さん…… No.126
　　棗田さん…… No.169
　　山本さん…… No.169

No.169松山さんが4票を獲得し最優秀賞です。おめでとうございます！

DAY2
審査総評
2024年 2月 25日

松山 こと子（芝浦工業大学）

実行委員の皆様、クリティークの皆様、この度は「卒、24」を開催していただきありがとうございました。本大会を通じて得た経験、いただいた言葉には多くの学びと気づきがありました。この２日間を糧に今後も精進していきます。

先に向かう気概に満ちた態度で取り組んで欲しい

榮家 志保

53作品の中には、他者性をどう取り込むかという作品がいくつか見られました。またそれ以外にも、塔をつくるタイプの作品が多く見られるなど、社会から価値観を与えられてしまっていることに対するおそれのようなものを皆さんから感じました。日本の社会が学生の皆さんに与えている、何か不安のようなものが根底に流れている気がします。しかし、今日見た案はどれも、それを打破して「未来の新しい風景を描くぞ」という気概に満ちていて、審査をしていて時々少し泣きそうになるような感動を覚えました。「絶対に新しい風景をつくる」という態度で、さらに模型も非常に馬力がある作品が多く、とても嬉しい気持ちで審査していました。今後もさまざまな機会で、いろいろな人に自身の作品をプレゼンテーションする場があると思いますが、先に向かう気概に満ちた態度で取り組んで欲しいと思います。

空間への挑戦がたくさん見られ、学びがあった

香月 歩

他のクリティークの方々もおっしゃっているように、作品それぞれに独自の着眼点があり、それらをとても短い時間で評価し賞を選んでいくというのはとても難しく苦しい作業でした。それでも、皆さんの作品からハッとさせられるような空間の発見を追体験できて、難しくも楽しい時間を過ごさせていただきました。社会や都市の課題にプログラムとしてアプローチする「コトのデザイン」が今後も主流になっていくと思うのですが、そこに対して私たちが空間を提供することによってできること、コトを触媒のように力づけていくような、そんな力が空間にあることを信じて建築を考えていって欲しいと思います。それを卒業設計で表現したり挑戦したりして欲しいと思っているのですが、今日の講評会では、そういった空間への挑戦がたくさん見られて、私自身学びのある時間になりました。ありがとうございました。

いろいろな視点を持ちながら、自己表現して欲しい

工藤 浩平

今回、クリティークとして2回目の参加でしたが、今年もとても楽しかったです。0次審査で50作品に絞るのはとても難しいのですが、選ばれた53作品は力強くて、いろいろな着眼点があって、設計力がありどれも良い提案だと思いました。その中でも、ある種のリアリティやアクチュアリティ、共有できるところの幅の広さというのは大事だと思っていて、そういった点でたまたま今日の5名のクリティークが共感できた作品に票が入ったのだと思います。一方で、それがないから別に悪いわけではなくて、たまたまこの5名と合わなかっただけなので、昨日とはまた全然違う結果になっているはずです。そういったいろいろな視点を持って、コミュニケーションをしながら、頑張って自己表現してもらえればと思っています。そして、とても楽しい時間を用意してくださった実行委員の皆さん、お疲れ様でした。また機会があれば呼んでいただきたいです。

どの作品も評価される可能性を秘めている

棗田 久美子

皆さんのそれぞれの想いがとてもこもった素晴らしい作品をたくさん見せていただき、今日はとても刺激をもらうことができました。370もの応募作品があり、0次審査で選ばれなかった人はもちろん、今日の1次審査でも2次審査の11作品に選ばれなかった人、最後の議論で受賞できなかった人など、選に漏れた人はたくさんいると思います。しかし、審査する人によって全く異なる評価を受けられ得るのが建築というものなので、見る人によってはとても素晴らしい作品だと評価するかもしれません。どの作品もそういう可能性を秘めていると思います。そのため、最後の議論に選ばれなかった人も、受賞できなかった人も落ち込む必要は全くないので、自信を持って今後も設計を続けていっていただければと思います。今日は本当に楽しい講評会でした。

人々に新しい価値を与えられるのかが重要

山本 想太郎

一つの評価軸で全てのものを測ることはまったくできないのが卒業設計ですし、いまはそういう時代なのだと思っています。その中で何をもって評価するかを考えた時に、やはりプロフェッショナリティというものをどこに持つのかは気になりました。ある物事が起こるとか、少しおもしろい発想を提示するといった時に、自分が建築のプロフェッショナリティをどのように発揮して、人々に何か新しいもの、新しい価値を与えられるのかどうかということが重要になってくるのではないでしょうか。そういう「コトのデザイン」のようなものが建築の世界で取り沙汰されるようになってもう20年くらいになりますが、次の時代には、コトのデザイン自体の評価がなされていくのではないかと思います。そういう意味で、皆さんが提示したさまざまな案はとても示唆に富んでいて、大変おもしろいものをたくさん見させていただいた講評会でした。

受賞作品一覧

DAY1　2024年2月24日

最優秀賞
- NO.161　「見えない豊かさを纏う家」　橋本菜央（法政大学）
- NO.342　「みんなでPersonal Water Networkをつくる」　髙部達也（慶應義塾大学）

河田将吾賞
- NO.062　「イソリウム」　永田典久（東京都市大学）

柴田淳賞
- NO.041　「天泣で紡ぐ」　谷 卓思（広島大学）

須崎文代賞
- NO.356　「風車が廻り続ける」　成田 駿（法政大学）

津川恵理賞
- NO.132　「額縁から見る」　菅野大輝（工学院大学）

堀越優希賞
- NO.125　「水上ビルの終活」　早坂秀悟（鹿児島大学）

総合資格賞
- NO.123　「祈り、生きる建築」　工藤朱理（日本大学）

[佳 作]
- NO.080　「呼吸するプラットフォーム」　佐藤優希（東京都市大学）
- NO.104　「スキマの住みかえ」　遠藤美沙（日本大学）
- NO.120　「廃船の再構成による海辺の舞台群」　塩田 結（工学院大学）
- NO.189　「GOCHA-GOCHA TOKYO」　井上琴乃（工学院大学）
- NO.228　「ブンジンたちのいるところ」　服部 和（芝浦工業大学）
- NO.260　「共鳴のアーキテクチャ」　高橋昇太郎（神奈川大学）

DAY1・2　2024年2月24日〜25日

学生賞
- NO.081　「創造的ダイアローグ」　小林大馬（法政大学）

DAY2 2024年2月25日

最優秀賞　NO.169　「重度障碍児の旅」　松山こと子（芝浦工業大学）

榮家志保賞　NO.086　「共編の詩」　竹原佑輔（法政大学）

香月歩賞　NO.325　「商店街エコビレッジ構想」　稲村健太郎（明治大学）

工藤浩平賞　NO.173　「実寸大起こし絵図　待庵」　森岡希（明治大学）

棗田久美子賞　NO.062　「イソリウム」　永田典久（東京都市大学）

山本想太郎賞　NO.054　「エッフェル塔のオートクチュールコレクション」　若原ななこ（関西学院大学）

総合資格賞　NO.154　「蜃気楼への侵入」　東園直樹（工学院大学）

コンキャリ賞　NO.079　「Tokyo Residue」　中山昂祐（東京電機大学）

[　佳　作　]
NO.005　「感性の眼と知性の眼」　中西さくら（芝浦工業大学）
NO.104　「スキマの住みかえ」　遠藤美沙（日本大学）
NO.123　「祈り、生きる建築」　工藤朱理（日本大学）
NO.124　「モノの住所『我思う、そのたび世界在り。』」　妹尾美希（日本大学）
NO.126　「織りなす町」　大本萌絵（東京理科大学）
NO.189　「GOCHA-GOCHA TOKYO」　井上琴乃（工学院大学）
NO.256　「向こう十軒両隣」　大橋碧（早稲田大学）
NO.342　「みんなでPersonal Water Networkをつくる」　髙部達也（慶應義塾大学）

Chapter 3

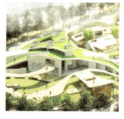

出展作品

百鬼夜行
非在的空間との共存の可能性

髙橋 侑臣
Yuto Takahashi

日本大学
理工学部
建築学科
古澤研究室

見えないものが持つ寛容さこそ、現代の都市社会が最も求めていることではないか。その魅力に取り憑かれ、私は妖怪と建築をテーマに設計を始めた。『都市のほころび』が妖怪によるものだったら。そんなことを思いながら都市を眺めてみれば、日々通り過ぎていた日常風景が妖怪を生み出す定点となり、妄想がとめどなく溢れる。『都市のほころび』にこそ、都市の本質が宿っていると思う。

[プログラム]地域拠点　[構想／制作]6カ月／3週間
[計画敷地]高円寺、西池袋、要町
[制作費用]400,000円　[進路]古澤研究室研究生

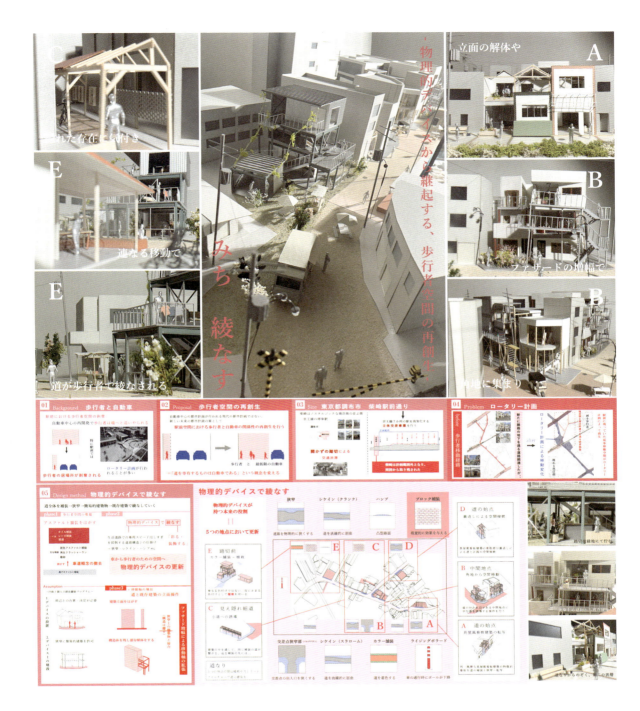

みち綾なす
－物理的デバイスから継起する、歩行者空間の再創生－

鈴木 真衣
Mai Suzuki

芝浦工業大学
建築学部
建築学科
猪熊研究室

移動効率化により自動車が道を占領し、歩行者は端へと追いやられた。特に、開かずの踏切によりロータリー計画が進行し、自動車中心になりつつある郊外駅前が存在する。そこで、自動車に向けた速度抑制のサインである「物理的デバイス」を歩行者に向けて更新し、道を綾なしていく。開かずの踏切から始まる駅前の道。歩行者が道を自由気ままに歩けたら、その街は賑やかな街になるだろう。

[プログラム] 駅前開発　　[構想／制作] 9カ月／1カ月
[計画敷地] 東京都調布市菊野台 京王線柴崎駅前
[制作費用] 100,000円　　[進路] 芝浦工業大学大学院

design method　植物の自然な動き、幾何学のメカニズムであるフラクタル構造から、形を導き出す。

detail　しゃがまなくても通れるかもしれない。寝転ぶことしかできないけど、心地よい場所かもしれない。届きそうで、届かない。

流れる小川は雨によって、流れる水量が変わり、建築とニンゲンの活動域を変えていく。

NO.021 オプトアウト

矢島 琴乃
Kotono Yajima

日本大学
理工学部
建築学科
建築史・建築論研究室（田所ゼミ）

「つくられたもの」のなかで、「つくられた通りの行動」を人間に促し続ける建築物。変わり映えのない秩序ある安定した都市は整いすぎてしまった。そうした物事の偶発性が減ってしまった環境の相対的な存在として、"ザッソウ"に着目した。自分の大きさによって変わることがあることを認識し、周りと足並みを揃えるばかりではなく、自分だけに許された行為を促すためのザッソウ建築。

[プログラム]公共建築　　[構想／制作]6カ月／1カ月
[計画敷地]野川公園
[制作費用]80,000円　　[進路]日本大学大学院

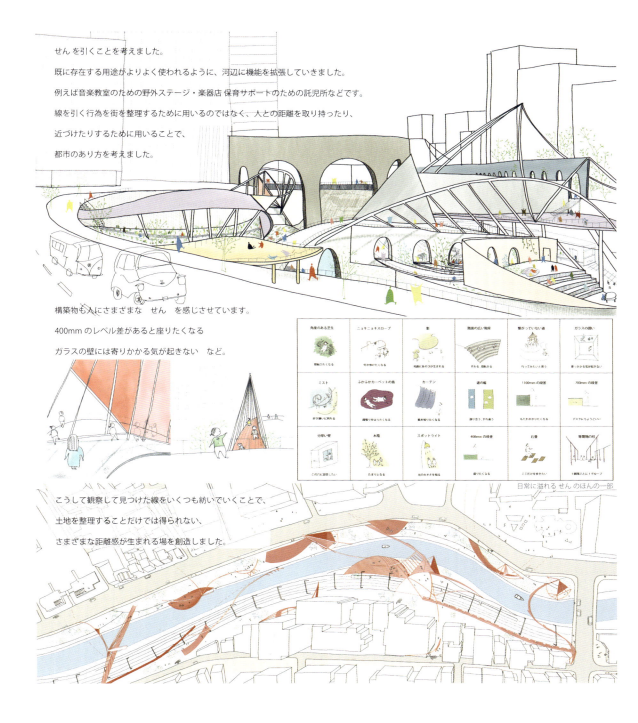

せん を引くことを考えました。
既に存在する用途がよりよく使われるように、河辺に機能を拡張していきました。
例えば音楽教室のための野外ステージ・楽器店 保育サポートのための託児所などです。
線を引く行為を街を整理するために用いるのではなく、人との距離を取り持ったり、
近づけたりするために用いることで、
都市のあり方を考えました。

構築物も人にさまざまな せん を感じさせています。
400mmのレベル差があると座りたくなる
ガラスの壁には寄りかかる気が起きない など。

日常に溢れる せん のほんの一部

こうして観察して見つけた線をいくつも紡いでいくことで、
土地を整理することだけでは得られない、
さまざまな距離感が生まれる場を創造しました。

NO. 022

せん

伊藤 綾香
Ayaka Ito

日本大学
理工学部
建築学科
建築史・建築論研究室

私たちは日常の中でさまざまな線を感じながら生きている。人がつくるすべての建築、さらには土木・都市計画、どんなものにも当てはまり、皆変わらず考えることは線を引くことである。その行為を街を整理するためだけに用いるのではなく、人との距離を取り持ったり近づけたりするために用いていくことで、都市の風景を変えていく。

［プログラム］複合施設　　［構想／制作］10カ月／1カ月
［計画敷地］東京都千代田区お茶の水
［制作費用］50,000円　　［進路］大学院進学

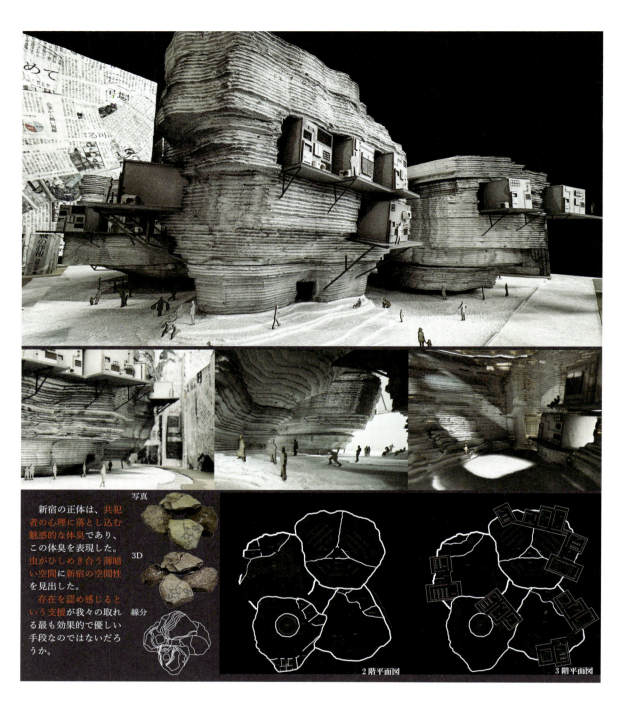

新宿の正体は、共犯者の心理に落とし込む魅惑的な体臭であり、この体臭を表現した。虫がひしめき合う薄暗い空間に新宿の空間性を見出した。存在を認め感じるという支援が我々の取れる最も効果的で優しい手段なのではないだろうか。

写真
3D
線分

2階平面図　3階平面図

NO. 023 巨人の箱庭

太田 優我
Yuga Ota

日本大学
理工学部
建築学科
建築史・建築論研究室（田所ゼミ）

新宿に依存する自らの意思で家に帰らない子どもたち『ネオホームレス』と社会との結節点をつくるために、都市の中の棲家として劇場を設計した。演技論、アングラ劇場、精神療法を元に新宿の社会構造を研究し、前衛的な劇場体験と『ネオホームレス』たちにとっての棲家とは何かを模索した作品である。

[プログラム]劇場　　[構想／制作]6カ月／2週間
[計画敷地]東京都新宿区歌舞伎町一丁目
[制作費用]300,000円　　[進路]日本大学大学院

NO. 060 他なる空間のあわい

高田 真之介
Shinnosuke Takada

慶應義塾大学
理工学部
システムデザイン工学科
佐野研究室

私たちは常に他者・社会との関係の中にある。人間社会が成熟していく中で人の内面は押し殺され、社会的スタンダードによりコントロールされた表層的人間が生まれている。社会的生成物であり人をコントロールする建築で一つの解を示し、この矛盾に立ち向かう。内面と表層の剥離を受容し、複数世界にいる分人たちと巡り合う。ここはコドモのための授業もない、先生もいない学校と家。

[プログラム]学校・住居　　[構想/制作]10カ月/1カ月
[計画敷地]横浜市黄金町
[制作費用]200,000円　　[進路]慶應義塾大学大学院

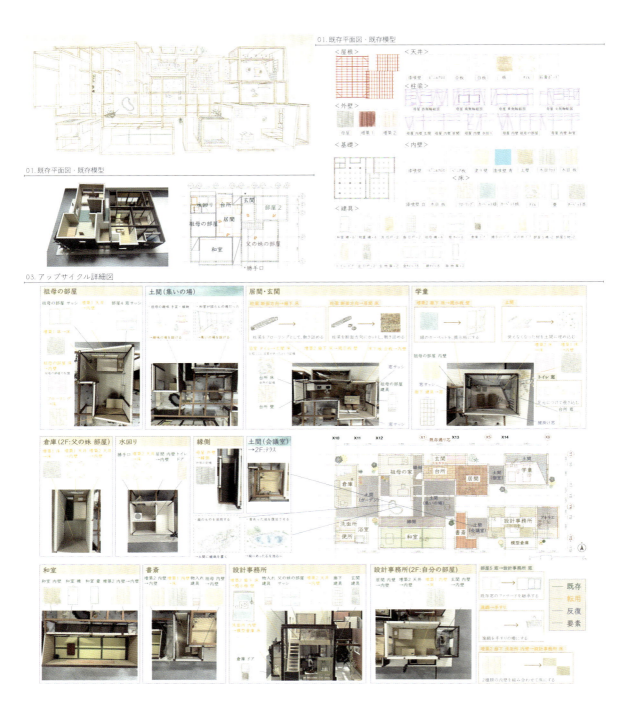

分解・再編
－アップサイクルで記憶を辿り、新たな時間を刻む－

摩嶋 日菜子
Hinako Majima

法政大学
デザイン工学部
建築学科
山道研究室

モノに付加価値を与える「アップサイクル」で起こる素材の流動を建築の動作として取り込み、記憶を載せ、建築に時代の流れを描く。その空間は新旧に属さない違和感があり、新鮮さに心が躍る。設計では、2回増築した祖母の家をアップサイクルで素材を動かし、継承と更新を行う。分解し再編する過程で、新たに学童・設計事務所の機能を加え、新たな暮らし方の可能性を提案する。

[プログラム]住宅+学童+設計事務所　　[構想／制作]3カ月／2週間
[計画敷地]山口県下松市新川
[制作費用]100,000円　　[進路]法政大学大学院

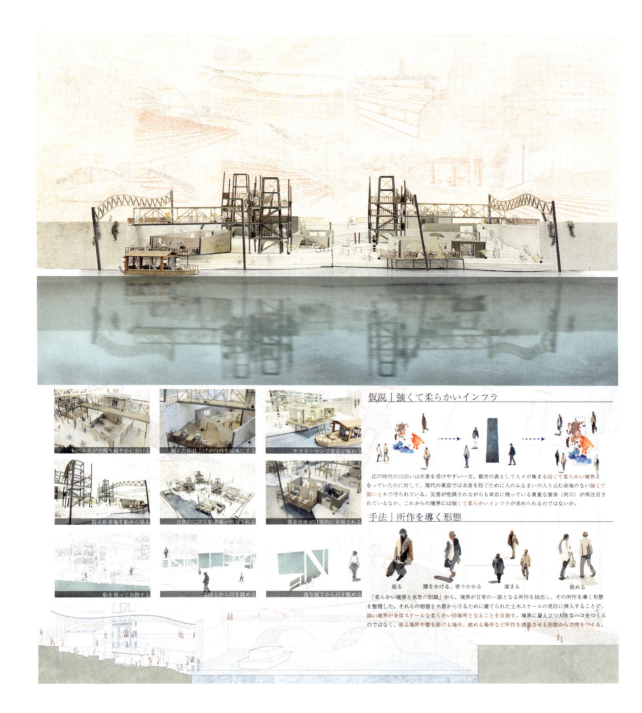

仮説｜強くて柔らかいインフラ

江戸時代の川沿いは水害を受けやすい一方、都市の表として人々が集まる弱くて柔らかい境界となっていたのに対して、現代の東京では水害を防ぐために人のふるまいの入り込む余地のない強くて固い土木で守られている。災害が危惧されながらも東京に残っている貴重な資源（河川）が再注目されているなか、これからの境界には強くて柔らかいインフラが求められるのではないか。

手法｜所作を導く形態

「柔らかい境界と水景の記録」から、境界が日常の一部となる所作を抽出し、その所作を導く形態を整理した。それらの形態を水害から守るために建てられた土木スケールの堤防に挿入することで、固い境界が身体スケールな柔らかい居場所となることを目指す。境界に聳え立つ大きなハコをつくるのではなく、座る場所や腰を掛ける場所、眺める場所など所作を誘発させる形態から空間をつくる。

NO. 091

都邑湊
−水上交通インフラを見据えた防災船着場の更新計画−

山田 蒼大
Sota Yamada

法政大学
デザイン工学部
建築学科
赤松研究室

日本橋に日常利用される防災船着場を設計した。現代の川と街の境界は強くて固い堤防で守られているが、これからの境界には強くて柔らかいインフラが求められると仮説を立て、身体スケールな所作を導く形態を土木スケールな堤防に挿入し、固い境界が柔らかい居場所になるよう設計した。五街道の起点であった日本橋から、都市の輪郭を描くように水上交通インフラが推進されることを目指す。

[プログラム]防災船着場　　[構想／制作]3カ月／1カ月
[計画敷地]東京都中央区日本橋
[制作費用]90,000円　　[進路]法政大学大学院

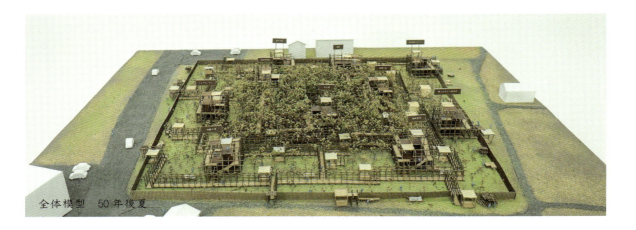

全体模型 50年後夏

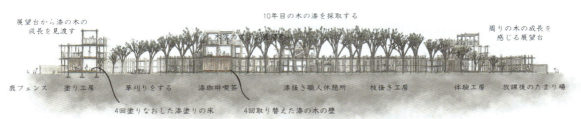

五十年後 断面パース

建築を組み上げる　建築を漆化する　成長した建築が現れる

断面模型 右下から順に1年目〜20年目・50年目

NO. 099 丹波漆伝承物語
— 漆の森の再生と伝統を受け継ぐ建築 —

菰田 伶菜
Rena Komoda

京都工芸繊維大学
工芸科学部
デザイン・建築学課程
角田研究室

かつて漆の一大生産地であった夜久野町では、漆の木の減少や認知度低下により、伝統が途絶えようとしている。そこで再び漆の森を再生させ、漆の伝統技術とともに伝承していく建築を提案する。漆が獲れるまでの10年スパンの時間軸の中で、植樹がもたらす景観変化とともに、年月を重ねながら建築を"漆化"することで、人と漆と建築がともに成長し、50年先も共存し続けていく風景を目指した。

[プログラム]複合型体験施設　　[構想／制作]6カ月／1カ月
[計画敷地]京都府福知山市夜久野町
[制作費用]50,000円　　[進路]京都工芸繊維大学大学院

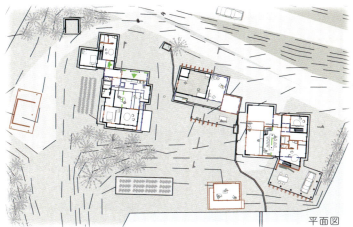

平面図

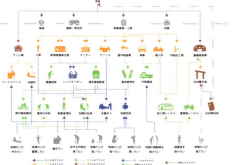

断面パース

NO.127 農家の孫にできること

望月 博文
Hirobumi Mochizuki

東京理科大学
創域理工学部
建築学科
西田研究室

実家が農家である私は、いずれは継ぐことになる。祖父の引退が近い中、農家の孫として何ができるのだろうか。農家住宅特有の土地の「余裕」を、新しく農業を始めたい人や周辺地域の人に「おすそわけ」することでこれからの農家のあり方を提案する。

［プログラム］集合住宅　　［構想／制作］2カ月／3週間
［計画敷地］千葉県我孫子市
［制作費用］100,000円　　［進路］東京理科大学大学院

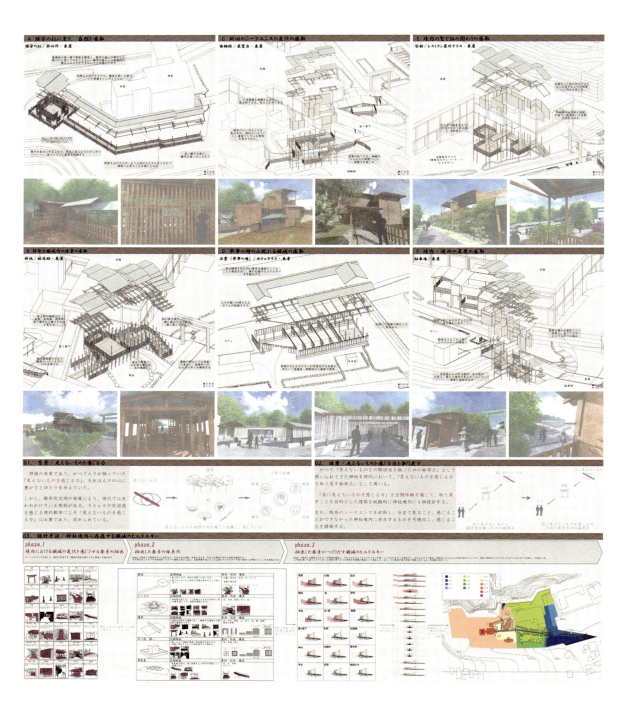

無形之感取
— 神社境内にみられる領域のヒエラルキーを用いた設計手法 —

草山 大成
Taisei Kusayama

明治大学
理工学部
建築学科
建築空間論研究室

神道の本質である「見えないものを感じる力」。それは現代では失われかけているものであり、現代の神道が伝えていくべきものである。そのため、その本質を空間体験として感じてもらうために、神社の領域のヒエラルキーを分析し、設計手法化し、それを用いて設計した居場所を神社境内に建てる提案をする。

[プログラム] 東屋＋α　　[構想／制作] 5カ月／3週間
[計画敷地] 神奈川県小田原市 報徳二宮神社
[制作費用] 50,000円　　[進路] 明治大学大学院

01 | 建築の揺らぎの正体 - 通時的他律性

建築には表面上にはない情報が錯綜している。表面上のものは外部環境によって応えられている建築の要素があるが、それは共時的な認識で収まり、関係性は視覚的一点にのみでしか応えられない。しかし、建築は一度生まれればそれは通時的な厚みを持ってイマからミライへと在り続けていく。そこには多様な関係性によってあらゆる姿がありそれらすべての総体が建築である。

02 Method | 磯崎新から通時的関係性

磯崎はプロセスプランニング論において、あらゆるものの複合体としての時間の在り様を示した。建築をそのフィルターを通してみるとき、実体を乖離したあらゆるプロセスから浮き上がるイメージが欠落している。プロセスと実体それらすべての総体が建築であり、通時的他律性によってその総体はあらゆる関係性の中で中心に据えられる。それが建築である。

ここで、通時的な関係性で閉ざされた都庁は現に東京のシンボルとしては弱々しい。ミライへと受け渡していくために、あらたな東京のシンボルとしてのトチョウを考えていく必要がある。プロセスのフィルターをとおして、あらゆる関係性のなかで現れてくるイメージを許容していくトチョウへ。それは、シティーホールとしての都庁、シンボルとしての都庁、オフィスとしての都庁、庁舎としての都庁、立体広場としての都庁、東京都庁の過去を示す都庁、二つの建築像を示す都庁などあらゆるイメージが共存しながら残り続けていく。

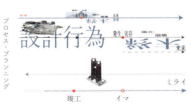

基壇部

シティーホールはカテドラルにあたる。市民全体を囲い込むことができるような内部空間であるが、丹下はそれを西欧的なバロックの楕円形広場をそのまま引用している。日本には西欧的な広場など存在していないから現在見ての通り無人の静的な広場と化している。これの反転として第一庁舎の低層部には半外部空間の大広間が作られる。ここはあらゆるものが交差する都市的な日本の動的な広場となる。

▲ 中層部

象徴性を持ったファサードを市民の広場（通路）として転用しながら高層部へと繋ぐ。かつて西新宿にあった日本の動的な広場が通路として変更された。ここでは空白としか感じられない中層部への市民の介入による都庁と市民の境界を揺らがせることを可能にしている。

▼ 高層部

幾何学の円柱が梱包され隠されているこの場の梱包を反転（破壊）することによって新たなトップのデザイン。装飾でしかない回転とセットバックが施された外形を内へと反転しヴォイド空間とする。内部からは感じられなかった外形が片方の高層棟とは対となる空間を作り出す。

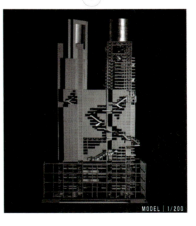

MODEL | 1/200

NO.149 揺らぎ
－残存と再生－

神保 太亮
Taisuke Jimbo

日本大学
理工学部
建築学科
山中研究室

20世紀以降の建築は関係性の中に埋没してしまった。建築の自律性とはなにか。僕の中には建築は揺らいでいるように映っていた。それを自律性として捉えると、「通時的他律性」≒「揺らぎ」となった。このフィルターを通して、都庁を見るとき、それは固定化しない揺らぎ続ける「トチョウ」となる。

[プログラム]庁舎・広場　　[構想／制作]4カ月／2週間
[計画敷地]東京都新宿区西新宿
[制作費用]100,000円　　[進路]日本大学大学院

都市寄生
－都市個性再付与を目的とした寄生プロトタイプの提案－

本計画では「余白」を都市に「寄生」させることで生活風景を表出、個性溢れる都市とする、他都市でも活用可能な「寄生プロトタイプ」を提案する。

NO. 158

都市寄生
－都市個性再付与を目的とした寄生プロトタイプの提案－

小山 莉空
Riku Koyama

東海大学
工学部
建築学科
岩崎研究室

経済性の追求や高層化により、無個性化された現在の都市。都市の余白は、生活共有の場として存在する一方、損失・都市スケール化しつつある。「余白」を都市に「寄生」させ生活を表出、個性溢れる都市とする、他都市でも活用可能な「寄生プロトタイプ」を提案。バラバラであった街区内の建物を統合。敷地境界線を超えた繋がりを生み、部屋・建物・街区・地域・都市を超え広がっていく。

［プログラム］共有空間　　　［構想／制作］7カ月／2カ月
［計画敷地］東京都墨田区錦糸町
［制作費用］100,000円　　　［進路］東海大学大学院

廃材コミュニティ関係図（山谷地区）

| LANDSCAPE | | CORE | | | | | | | | | | | ROOM |
| Place | Detail | Clue | Detail | | | | | | | | | Furniture | |

NO. 168 都市の塒
－山谷地区における廃材を用いた居場所創り－

小川 七実
Nanami Ogawa

法政大学
デザイン工学部
建築学科
赤松研究室

人々の居場所となる住宅の多くは、短いサイクルで建築・解体・廃棄を繰り返している。大量生産と消費、焼却処理に依存している日本の建築は、人々の居場所づくりに大きく繋がっている点から、「廃材の循環＝居場所をつくること」と考えた。本提案では、廃材建築を構築するための手がかりを設計し、文脈を捉えた居場所づくりが生み出す、新たなコミュニティ形態を提案する。

[プログラム]作業場・集合住宅　　[構想／制作]3カ月／2週間
[計画敷地]東京都台東区
[制作費用]90,000円　　[進路]法政大学大学院

伝統工芸工房の逆再生シアター
－可視領域分析の演繹的手法に基づく形態導出－

菊地 瑛人
Akito Kikuchi

芝浦工業大学
建築学部
建築学科
建築計画(小菅)研究室

伝統工芸の衰退に対し、希少な工芸士の「技」の魅力を引き出す工房群を設計した。工房を実測・ISOVIST分析を行った。その結果に基づき、都市からヒューマンスケールまでの横断的な視点場によるISOVISTを先行描写し、分析を「逆再生」した構築プロセスを踏んだ。この手法で、浅草六区の複雑な区画構成による多様な視点場で、工芸風景を愉しむシアター体験をデザインした。

[プログラム]伝統工芸工房　　[構想／制作]6カ月／2カ月
[計画敷地]東京都台東区浅草六区
[制作費用]200,000円　　[進路]芝浦工業大学大学院

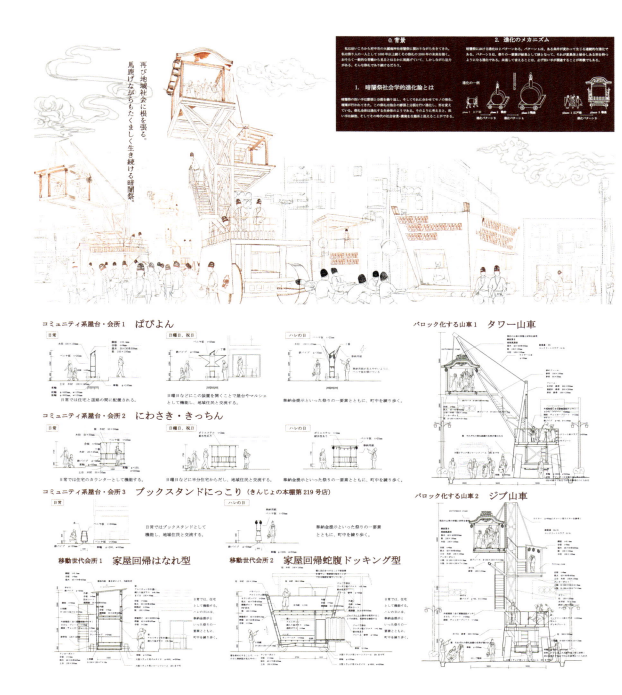

狂気する祭礼都市
－不合理亢進説を含む新・社会進化から推定される都市祭礼の未来史－

本多 空飛
Sorato Honda

明治大学
理工学部
建築学科
建築史・建築論(青井)研究室

一般的に祭礼は前近代の遺物であり、「消えゆくもの」として見られがちであるが、一部の祭礼はそうではない。これからの未来においても時代の社会背景に適応しながら、たくましく生き続けるのだ。対象は東京都府中市の大國魂神社暗闇祭である。私は祭り人の一人としてこの祭礼の未来を描く。おそらく不合理かつ馬鹿げていて、しかしながら迫力がある、そんな祭礼であり続けるだろう。

[プログラム]祭り、日常生活等　　[構想／制作]5カ月／4週間
[計画敷地]東京都府中市
[制作費用]50,000円　　[進路]明治大学同研究室

塔のある群造景について

― 部分の自由と全体の秩序 ―

群造の中に「塔」があることで、その風景に秩序が生まれ、どこか安心感を覚える。モノ同士の関わり合いの調整をしているようで、雑多な集合物（カオス）を魅力的な群造形（コスモス）に纏めあげているような存在である。塔がシンボルとしてその街のアイデンティティを映したとき、纏まりをもった群造景が姿を現す。

01：部分の自由と全体の秩序

02：計画敷地　墨田区京島

03：塔のある群造景　設計手法

04：塔を介して、街と人が出会うまで

NO.212 塔のある群造景について

宮本 皓生　Kouki Miyamoto

工学院大学
建築学部
建築デザイン学科
冨永研究室

群造の中に「塔」があることで、その風景に秩序が生まれ、どこか安心感を覚える。モノ同士の関わり合いの調整をしているようで、雑多な集合物（カオス）を魅力的な群造形（コスモス）に纏めあげているような存在である。塔がシンボルとしてその街のアイデンティティを映したとき、纏まりを持った群造景が姿を現す。

[プログラム]複合文化施設兼公園　　[構想／制作]8カ月／2カ月
[計画敷地]東京都墨田区京島
[制作費用]100,000円　　[進路]都内設計事務所

心を紡ぐ
－精神的なケアを必要とする こどもの自立を促す場の提案－

高梨 颯斗
Hayato Takanashi

神奈川大学
工学部
建築学科
六角研究室

精神的なケアが必要なこどもは他者との関係性や距離感の取り方を見失い、将来的に孤立した状況に陥ってしまうのではないだろうか。しかし、こどもは成長・発展の途上にあり、いかなる状況であっても学び・遊び・出会い・成長することは重要である。本提案では回復段階に応じて徐々に人間関係を構築し、各々のペースで、遊びを通して自己肯定感を獲得するこどものケア施設を提案する。

[プログラム]ケア施設・複合施設　　[構想／制作]4カ月／1カ月
[計画敷地]神奈川県横浜市都筑区中川
[制作費用]50,000円　　[進路]三輪設計

候

NO. 253

箕輪 羽月
Hazuki Minowa

東京理科大学
創域理工学部
建築学科
西田研究室

現在の霞ヶ浦は、下流の水門閉鎖により水の流れが悪くなり、水質汚染が問題となっている。そこで、霞ヶ浦の下流を汽水化することにより、自然の仕組みを使いながらかつての美しい姿を取り戻す建築を提案する。かつての美しい姿を取り戻すこの建築は、自然のため、人の暮らしのため、自然と人とのバランスを保ちながら、霞ヶ浦の新たな風景となっていく。

[プログラム]発電施設　　[構想／制作]4カ月／3週間
[計画敷地]茨城県霞ヶ浦
[制作費用]100,000円　　[進路]東京理科大学大学院

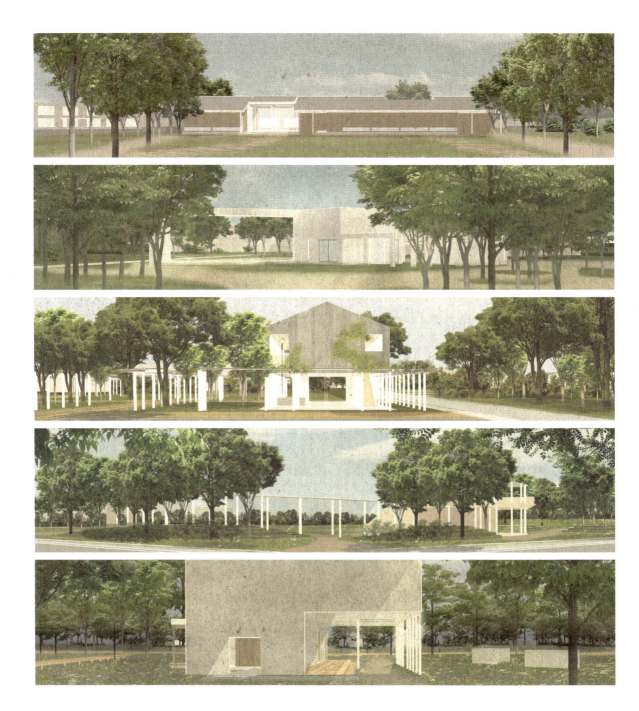

Island or Housing No.1-5

徳家 世奈
Sena Tokuke

東京電機大学
未来科学部
建築学科
建築設計研究室

東京都東村山市にあるハンセン病療養所内に5つの公共施設を設計しました。この場所が過去を忘れないためのメモリアル的な役割を担うとともに、ここに住む人々にとっての住宅のような、公共性を持った場になることを提案します。

[プログラム]公共施設　　[構想／制作]2カ月／2カ月
[計画敷地]東京都東村山市
[制作費用]90,000円　　[進路]ミラノ工科大学

こどもたちが生きている大地とふれあい、野性的な衝動を開放する場所が必要ではないか。
これから長い人生を歩むこどもたちが力強く育つための、建築の在り方を探る。

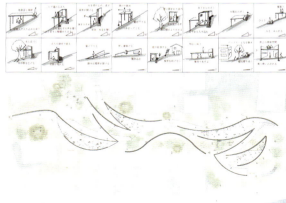 

斜面をつづるこどもの帯
－見沼の斜面林におけるこどものあそび環境の再構築－

NO. 328

小林 珠枝
Tamae Kobayashi

東北大学
工学部
建築・社会環境工学科
窪田研究室

都市で暮らすこどもたちは、自分の身体を使って外で遊ぶ機会が減少し、「身体」や「土地」の持つ可能性に気づかない。かつてこどものあそび場であった東京郊外の「斜面林」の一部は宅地転換を免れ、線状の斜面空地として残存している。この場所に、こどもの野生的な衝動を受け止める、原初的なあそびの環境帯を再構築し、動的に保全活用していく。

[プログラム]児童施設　[構想／制作]5カ月／3週間
[計画敷地]埼玉県さいたま市緑区大牧
[制作費用]80,000円　[進路]東北大学大学院

鉄の起水とアグリズム
— 水素製鉄による排出水を用いた新たな製鉄所の在り方 —

富永 玲央
Reo Tominaga

日本大学
理工学部
海洋建築工学科
建築デザイン・計画研究室

製鉄産業は人々に必要な鉄を生み出している反面、地球から資源と大地を奪い、大量の二酸化炭素排出によって地球を苦しめてきた。世界から消えつつある製鉄所を水素製鉄技術を用いて再建し、排出される水によって製鉄所に人を引き込む建築を提案する。

[プログラム] 製鉄所 　[構想／制作] 2カ月／1カ月
[計画敷地] 神奈川県川崎市扇島地区
[制作費用] 80,000円　[進路] 日本大学大学院

まちと停車場
― 上野という分断されたまちを再構築 ―

NO. 350

法貴 伶海
Leon Hoki

日本大学
理工学部
建築学科
山中研究室

上野を歩いている時に感じた毎分変わる景色。その景色が構造体・車・駅舎・周辺の観光地化などによる景観の違いによってまちの景色を小さくしていた。駅に入ると駅とまちで昔の停車場であった歩車が共存していた時との違いと景色すらも見渡せない閉鎖性を感じた。そこで上野を再構築し周辺環境を受け入れ、停車場の時の風景の繋がりや歩車が共存する新たなヒト中心の停者場を提案する。

[プログラム] 駅舎　[構想／制作] 5カ月／1カ月
[計画敷地] 東京都台東区上野7丁目
[制作費用] 100,000円　[進路] 日本大学大学院

出展大学・専門学校 統計データ

● エントリー都道府県数
021 都道府県

● 最多エントリー
042 作品（芝浦工業大学）

● エントリー校数
055 校

● 最多本審査進出
011 作品（日本大学）

● エントリー総数
373 作品

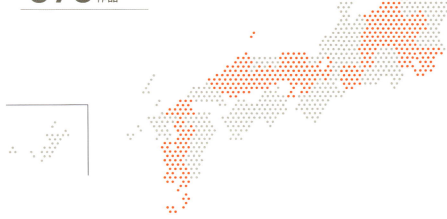

エントリー者の所属校

あ 青山製図専門学校
大阪芸術大学
大阪産業大学
岡山理科大学
小山工業高等専門学校
か 鹿児島大学
神奈川大学
関西学院大学
関東学院大学
北九州市立大学
九州大学
京都工芸繊維大学
京都府立大学
近畿大学

釧路工業高等専門学校
慶應義塾大学
工学院大学
神戸芸術工科大学
国士舘大学
さ 相模女子大学
滋賀県立大学
芝浦工業大学
島根大学
昭和女子大学
信州大学
崇城大学
た 大同大学
千葉大学

千葉工業大学
東海大学
東京大学
東京工芸大学
東京電機大学
東京都市大学
東京都立大学
東京理科大学
東北大学
東洋大学
な 長岡造形大学
日本大学
日本女子大学
は 広島大学

広島工業大学
文化学園大学
法政大学
ま 前橋工科大学
武庫川女子大学
武蔵野大学
武蔵野美術大学
明治大学
名城大学
明星大学
ものつくり大学
ら 立命館大学
わ 早稲田大学

実行委員メンバー

［幹部］
 代表 鈴木颯太 （日本大学3年）
 副代表・会計 逢坂友里 （日本大学3年）

［協賛班］
 班長 鈴木颯太 （日本大学3年）
     萩原華乃 （日本大学3年）
     梶　隆晴 （日本大学3年）
     大橋英実 （日本大学2年）
     湯浅玲奈 （日本大学2年）
     髙山実希 （日本大学1年）
     増島莉夏 （日本大学1年）

［広報班］
 班長 田中里海 （日本工学院専門学校3年）
     青木花梨 （日本大学3年）
     高橋歩乃香 （日本大学3年）
     椎名遼太朗 （日本大学2年）

［SNS班］
 班長 中原一樹 （日本大学3年）

［会場機材班］
 班長 田中里海 （日本工学院専門学校3年）
     菊池名織 （日本大学3年）

［クリティーク班］
 班長 逢坂友里 （日本大学3年）
     桐山祐輔 （日本大学3年）
     奥野瑛太 （日本大学1年）
     佐藤このか （日本大学1年）

［デザイン書籍班］
 班長 加納栞菜 （相模女子大学3年）
     内田明咲 （工学院大学3年）
     眞田梨香子 （工学院大学3年）
     野口秀太 （工学院大学3年）
     桐谷武明 （東京造形大学2年）

特別協賛

協賛

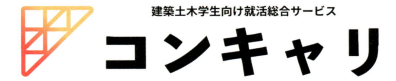

建築土木学生向け就活総合サービス

コンキャリは、毎月8,000人が利用する建築土木(construction)業界で就活を行う大学生・大学院生のための就活総合サービスです。5社以上のスカウトや、建築土木領域に特化したイベント、就活コンテンツから、専門的なサポートまで、建築土木における就活のサポートを全面的に行っています。コンキャリが支援している２つのプロジェクトをご紹介します。

建築土木学生が施工・運営する建築土木学生向けのコミュニティスペース。

＜POINT＞
- 模型材料を安く買える
- 10円でA1印刷できる、無料のワークスペース
- 大学を超えたカフェ交流スペース

海外建設プロジェクト「CeePs」
建築土木学生が主体となり、フィリピンやネパールの街づくりを応援。学生はツアー費用免除となります。（選考あり）

＜NEXT PROJECT＞
- 期間：2025年8月5日～8月11日
- 場所：ヌワコット(ネパール)
- 参加者：15歳以上の土木・建築学科学生
- 参加人数：最大20名

所在地：東京都文京区湯島 1-7-9 お茶の水ウチヤマビル
サイト：https://const-career.com/

総合資格navi
全学年対象

建築・土木学生のための建設業界情報サイト

建築関連の資格スクールとして建設系の企業と強固なネットワークを築いてきたからこそ、ご提供できるサービスを揃えています。

登録はこちら！

学校生活で
- 全国の**建築イベント情報**が見られる
- 建築系企業の**アルバイト募集**へ応募できる
- 全国の**建築学校の取り組み**が見られる
- 建築学生に**必須スキルのノウハウ**が学べる

就職活動で
- あなたを必要とする**企業からスカウト**が届く
- インターンシップや説明会、選考へ**エントリー**できる
- 実際に選考を突破した**先輩、同期のES**が見られる

お問い合わせ

総合資格navi 運営事務局
[E-MAIL] navi-info@shikaku.co.jp
[TEL] 03-6304-5411

 総合資格学院の本

試験対策書

建築士試験対策
建築関係法令集 法令編
定価：3,080円
判型：B5判

建築士試験対策
建築関係法令集 法令編S
定価：3,080円
判型：A5判

建築士試験対策
建築関係法令集 告示編
定価：2,750円
判型：B5判

1級建築士学科試験対策
学科 ポイント整理と確認問題
定価：3,850円
判型：A5判

1級建築士学科試験対策
学科 厳選問題集 500＋125
定価：3,850円
判型：A5判

1級建築士学科試験対策
学科 過去問スーパー7
定価：3,850円
判型：A5判

2級建築士学科試験対策
学科 ポイント整理と確認問題
定価：3,630円
判型：A5判

2級建築士学科試験対策
学科 厳選問題集 500＋100
定価：3,630円
判型：A5判

2級建築士学科試験対策
学科 過去問スーパー7
定価：3,630円
判型：A5判

2級建築士設計製図試験対策
設計製図テキスト
定価：4,180円
判型：A4判

2級建築士設計製図試験対策
設計製図課題集
定価：3,300円
判型：A4判

宅建士試験対策
必勝合格 宅建士テキスト
定価：3,080円
判型：A5判

宅建士試験対策
必勝合格 宅建士過去問題集
定価：2,750円
判型：A5判

1級建築施工管理技士
第一次検定問題解説
定価：2,750円
判型：A5判

2級建築施工管理技士
第一次検定・第二次検定問題解説
定価：2,090円
判型：A5判

2級建築施工管理技士
第一次検定テキスト
定価：2,420円
判型：A5判

設計展作品集 & 建築関係書籍

Diploma×KYOTO
定価：2,200円
判型：B5判

DESIGN REVIEW
定価：2,200円
判型：B5判

NAGOYA Archi Fes
定価：1,980円
判型：B5判

赤れんが卒業設計展
定価：1,980円
判型：B5判

構造デザインマップ 東京
定価：2,090円
判型：B5判変形

構造デザインマップ 関西
定価：2,090円
判型：B5判変形

環境デザインマップ 日本
定価：2,090円
判型：B5判変形

STRUCTURAL DESIGN MAP TOKYO
定価：2,090円
判型：A5判変形

※定価は全て税込み

 総合資格学院 出版局
[URL] https://www.shikaku-books.jp/
[TEL] 03-3340-6714

目の前に信頼できる講師がいるから一人の勉強時間も、独りじゃない。

実績で当学院の優位性を証明しました！

令和6年度 1級建築士 設計製図試験 卒業学校別実績（合格者数上位10校）

右記学校卒業合格者
当学院占有率
64.3%
右記学校卒業合格者 742名中／
当学院当年度受講生 477名

	学校名	卒業合格者数	当学院受講者数	当学院占有率		学校名	卒業合格者数	当学院受講者数	当学院占有率
1	日本大学	142	91	64.1%	6	工学院大学	61	35	57.4%
2	東京理科大学	103	61	59.2%	7	神戸大学	54	36	66.7%
3	近畿大学	92	71	77.2%	8	明治大学	52	23	44.2%
4	芝浦工業大学	84	65	77.4%	9	名古屋工業大学	45	30	66.7%
5	早稲田大学	66	39	59.1%	10	法政大学	43	26	60.5%

含まれておりません。 ※全国ストレート合格者数・全国合格者数・卒業学校別合格者数は、（公財）建築技術教育普及センター発表に基づきます。 ※学科・製図ストレート合格者とは、令和6年度1級建築士学科試験に合格し、令和6

建設業界・資格のお役立ち情報を発信中！
X ⇒「@shikaku_sogo」
LINE ⇒「総合資格学院」
Instagram ⇒「sogoshikaku_official」で検索！

開講講座 1級・2級 建築士 ／ 建築・土木・管工事施工管理 ／ 構造設計1級建築士 ／ 設備設計1級建築士 ／ 宅建士 ／ インテリアコーディネーター ／ 建築設備士 ／ 賃貸不動産経営管理士

法定講習 一級・二級・木造建築士定期講習 ／ 管理建築士講習 ／ 第一種電気工事士定期講習 ／ 監理技術者講習 ／ 宅建登録講習 ／ 宅建登録実務講習

卒、24
SOTSUTEN
全国合同卒業設計展

発行日	2025年2月18日
編　著	「卒、24」実行委員会
発行人	岸 和子
発行元	株式会社 総合資格
	〒163-0557　東京都新宿区西新宿1-26-2　新宿野村ビル22F
	TEL 03-3340-6714（出版局）
	株式会社 総合資格　　　　　http://www.sogoshikaku.co.jp
	総合資格学院　　　　　　　　https://www.shikaku.co.jp
	総合資格学院 出版サイト　　https://www.shikaku-books.jp
編　集	「卒、24」実行委員会（加納栞菜、野口秀太、内田明咲、桐谷武明、眞田梨香子）
	株式会社 総合資格 出版局（梶田悠月、坂元 南）
デザイン	株式会社 総合資格 出版局（三宅 崇）
写　真	高田繭写真事務所
印　刷	シナノ書籍印刷 株式会社

本書の一部または全部を無断で複写、複製、転載、あるいは磁気媒体に入力することを禁じます。

ISBN 978-4-86417-550-0
Printed in Japan
Ⓒ「卒、24」実行委員会

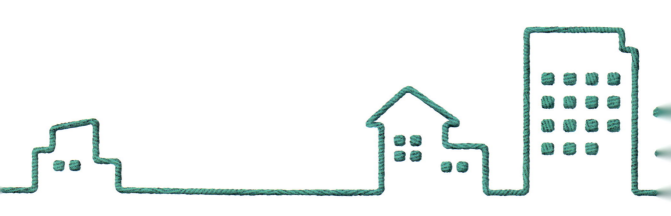